지은이 **아담 해밀턴 목사**

14세 때 친구 집을 찾아온 오순절 교회 평신도의 초청으로 처음 교회를 출석한 후, 미국 오클라호마 주 기독교 학교인 오랄 로버트 대학교에 진학하여 목회 소명을 받고, 텍사스 소재 남감리교대학교 신학부에서 수학하였다. 1990년 4명의 성도와 함께 장의사 건물에서 교회를 개척, 현재 18,000명의 교회로 성장한 캔자스 주 리우드의 부활연합감리교회 담임목사다. 현재 미국의 가장 영향력 있는 설교자이자 저자로 알려져 있다.

옮긴이 **박상일 목사**

감리교신학대학교 및 대학원에서 수학 후 1991년 미국 유학길에 올랐다. 조지아 주 에모리대학교 및 뉴저지 주 드류대학교 신학부에서 수학하고 캘리포니아 주 버클리 연합신학대학원(GTU)에서 철학박사를 받았다. 현재 버클리 소재 아메리칸 뱁티스트 신학대학원의 설교학 교수 및 알바니연합 감리교회 담임목사다.

예수탄생으로 가는 여행

The Journey
Walking the Road to Bethlehem

By Adam Hamilton

Copyright © 2011 by Abingdon Press
Nashville, Tennessee USA
All rights reserved.

Translation rights © 2012 KMC Press, Seoul, Korea
This edition is published by arrangement with Abingdon Press.

예수탄생으로 가는 여행

초판 1쇄 2012년 12월 14일

아담 해밀턴 지음
박상일 옮김

발 행 인 | 김기택
편 집 인 | 손인선

펴 낸 곳 | 도서출판 kmc
등록번호 | 제2-1607호
등록일자 | 1993년 9월 4일

(110-730) 서울특별시 종로구 세종대로 149 감리회관 16층
(재)기독교대한감리회 출판국
대표전화 | 02-399-2008, 02-399-4365(팩스)
홈페이지 | http://www.kmcmall.co.kr
디 자 인 | 리더스커뮤니케이션 02)2123-9996/7

값 12,000원

ISBN 978-89-8430-592-2 04230
      978-89-8430-591-5(세트)

The Journey
예수탄생으로 가는 여행

Walking the Road to Bethlehem

아담 해밀턴 지음 | 박상일 옮김

kmc

차례

저자 서문

        이 책을 읽게 되신 것을 환영합니다. 어떤 면에서 보면
이 책은 내가 이미 쓴 책 「세상을 바꾼 24시간」(*24 Hours That
Changed the World* : 도서출판 kmc, 2011)의 전편으로 생각할 수도 있
습니다. 「세상을 바꾼 24시간」에서 나는 예수 그리스도의 지상 생애
마지막 날을 최후의 만찬을 시작으로 예수의 죽음과 장례로 마감하
되 부활에 관한 후기를 포함하는 방식으로 살펴보았습니다.

    이 책 「나사렛에서 베들레헴까지」에서도 나는 예수님의 탄생과
관련한 복음서 이야기들을 같은 방법으로 살펴보려고 합니다. 또한
여러 학자들과 역사가, 신학자 및 고고학자들의 의견들을 참고하여
독자들이 성서 이야기들을 새롭게 읽는 데 도움이 되고자 했습니다.
더 나아가 나는 성경의 크리스마스 이야기들이 일어난 이스라엘 성
지의 여러 현장을 직접 답사하며 그 이야기들을 새롭게 이해하려고
노력했습니다. 이를 위해 마리아가 그리스도를 낳게 될 것이라고 알

게 된 ‘나사렛’을 시작으로, 요셉의 고향 곧 그가 당시 거주하며 마리아 임신 소식을 처음 들었을 것이라고 믿어지는 장소인 ‘베들레헴’으로 여행을 하였습니다. 그 다음으로는 마리아가 임신 초기 3개월간 머문 곳으로 엘리사벳과 사가랴의 집이 있는 ‘아인카렘’(Ein Karem)을 찾았습니다. 그곳에서는 마리아가 임신 9개월 때 베들레헴으로 강제로 이동하면서 지나갔을 ‘도로의 일부’를 도보 여행을 했습니다. 그리고 마침내 나는 예수님이 탄생하신 ‘베들레헴’에 다시 돌아가는 것으로 이 여행을 마쳤습니다.

나는 독자들이 이 책을 크리스마스 이전 강림절 기간 동안에 읽기를 바라는 마음으로 썼습니다. 이 기간 동안 이 책을 읽는 이들은 예수님 탄생의 렌즈로 자신들의 삶을 묵상해 볼 수 있었으면 좋겠습니다. 우리는 또 이스라엘 성지에서 마리아와 요셉의 발자취를 추적하며 독자들이 나사렛과 아인카렘, 베들레헴을 눈으로 직접 볼 수 있도록 비디오 시리즈를 제작했습니다. 비디오 시리즈에는 작은 안내책자가 함께 있어 이 책을 공부하는 이들이 함께 읽으며 소그룹 등에서 귀하게 활용할 수 있으리라 봅니다.

예수님의 탄생 이야기를 되새기면서 성탄절의 참의미를 깨닫는 데서 오는 ‘만 백성을 위한 큰 기쁨의 좋은 소식’을 이 책을 읽는 모든 이들이 맛볼 수 있기를 기도합니다.

아담 해밀턴

역자 서문

　　목사 혹은 신학교에서 학생들을 가르치는 교수이기 전에 나는 그리스도인의 한 사람으로서 독자 여러분들처럼 그간 수도 없이 우리 믿음과 삶의 근간이 되는 예수 그리스도의 탄생 이야기를 들어 왔고 남들과 나누어 왔습니다. 그런데 이 책은 내게 그동안 알고 들어 온 크리스마스 이야기를 전혀 새로운 눈으로 보게 해주었습니다. 아니, 이 책이 주는 감동과 새로운 시각들로 인해 나는 기독교 복음 전체와 내 삶을 다시 생각하게 되었습니다.

　　이 책은 마리아와 요셉이 천사에게 예수의 탄생 소식을 듣고, 헤롯의 호구조사 명령으로 나사렛을 떠나 베들레헴으로 여행하는 과정에 관련된 여러 인물들의 성품과 행동, 주변 문화 환경 등을 성서적·역사적 및 고고학적 자료들을 통해 심층적으로 펼쳐 보입니다. 중요한 것은 우리에게 너무 친숙해져 매번 크리스마스 때마다 새로 들어도 더 이상 큰 감동이 되지 못하는 2천 년이나 된 이 복음 이야기가 21세기를 살아가는 우리에게 어떻게 새롭게, 또 전혀 전에 들어보지 못한 얘기처럼 신선하게 들릴 수 있느냐가 문제인데, 아담 해밀턴 목사는 이 책을 통해 이 일을 훌륭하게 해 내고 있습니다.

대형 교회의 담임목사로 분주한 일상에 있음에도 이런 훌륭한 글을 써서 자신이 섬기는 교회 성도들은 물론 온 세계 그리스도인들이 복음을 새롭게 이해하고 감동받고 도전받아, 이 세상 속에서 변화된 그리스도의 제자로 살아가도록 도움을 준 해밀턴 목사의 공로에 감사하며 찬사를 보냅니다.

작년 강림절 기간에 소그룹이 모여 이 책을 함께 읽고 공부하며 받은 감동이 커서 한국에 있는 분들은 물론 전 세계에 흩어져 있는 한국인 그리스도인들과 함께 나누고 싶은 마음에 이 책을 번역하여 소개합니다.

이 책의 출판을 도와주신 기독교대한감리회 출판국(도서출판 KMC)에 감사드립니다. 번역과정에 도움을 주신 나용원 목사님께도 감사를 표합니다. 혹여 번역에 미흡한 면이 있다면 독자 여러분들의 양해를 구합니다.

박상일

수태고지를 받는 마리아
23×14, 앤트워프왕립미술관

1장 나사렛의 마리아

마리아의 사명은 우리에게 하나님의 부르심이라는 것이, 종종
감당하기에 어려운 일이며, 그것 때문에 우리 계획들을 옆으로
비켜 놓기도 해야 하고, 평생 가슴에 간직한 희망과 꿈을 포기
해야 할 수도 있고, 또 떠맡기에는 위험하고 두려운 일일 수 있
음을 깨우쳐 준다. 종종 하나님은 우리에게 함께하기를 싫어하
는 이들과 함께하기를 원하시고, 가기 싫어하는 곳을 가게 하시
고, 하기 싫은 것도 하게 하신다. 이것이 바로 마리아 이야기가
우리에게 가르쳐 주는 교훈이다.

예수시대의
팔레스타인

SCALE OF MILES
0 5 10 15 20 25 30

　　　　　"여섯째 달에 천사 가브리엘이 하나님의 보내심을 받아 갈릴리 나사렛이란 동네에 가서 다윗의 자손 요셉이라 하는 사람과 약혼한 처녀에게 이르니 그 처녀의 이름은 마리아라. 그에게 들어가 이르되 은혜를 받은 자여 평안할지어다. 주께서 너와 함께 하시도다 하니 처녀가 그 말을 듣고 놀라 이런 인사가 어찌함인가 생각하매 천사가 이르되 마리아여 무서워하지 말라 네가 하나님께 은혜를 입었느니라. 보라 네가 잉태하여 아들을 낳으리니 그 이름을 예수라 하라. 그가 큰 자가 되고 지극히 높으신 이의 아들이라 일컬어질 것이요 주 하나님께서 그 조상 다윗의 왕위를 그에게 주시리니 영원히 야곱의 집을 왕으로 다스리실 것이며 그 나라가 무궁하리라. 마리아가 천사에게 말하되 나는 남자를 알지 못하니 어찌 이 일이 있으리이까. 천사가 대답하여 이르되 성령이 네게 임하시고 지극히 높으신 이의 능력이 너를 덮으시리니 이러므로 나실 바 거룩한 이는 하나님의 아들이라 일컬어지리라. 보라 네 친족 엘리사벳도 늙어서 아들을 배었느니라. 본래 임신하지 못한다고 알려진 이가 이미 여섯 달이 되었나니 대저 하나님의 모든 말씀은 능하지 못하심이 없느니라. 마리아가 이르되 주의 여종이오니 말씀대로 내게 이루어지이다 하매 천사가 떠나가니라." (누가복음 1:26~38)

이 본문은 서구 문명에서 가장 잘 알려진 이야기 중 하나로 지난 2천년 동안 수없이 반복해 듣고 설교되었으며 노래로 불려 왔다. 또 이 이야기는 매번 성탄절 때마다 많은 예술가들과 크리스마스 장식품 조각가들을 통해 새롭게 표현되고 선물과 카드교환, 캐럴이나 찬송을 통해 찬양된다. 많은 사람들은 설사 성장기에 교회를 다니지 않았다고 해도 이 이야기는 잘 안다. 이 이야기의 배경은 베들레헴 마구간이며 등장인물들은 마리아와 요셉, 천사들과 목자들, 동방박사와 헤롯임금이다. 또 사람들은 이야기와 관련된 호구조사, 마리아와 요셉의 여행, 빈방이 없이 꽉 찬 여관 등 세부적인 플롯에 대해서도 안다.

그러나 늘 그렇듯이 우리는 아주 잘 알고 있다는 것 때문에 이 이야기의 중요한 부분을 놓치고 있다. 우리가 '그래, 그 이야기는 내가 잘 알고 있지.' 라고 생각하는 순간 그 이야기의 깊은 의미는 우리 곁을 떠나고 만다. 크리스마스 이야기에는 우리가 겉으로 보는 것보다 훨씬 더 큰 내용이 있다. 우리가 그동안 모르고 지나쳐 온 상세한 내용들이 있는가 하면, 내용과 관련된 장소의 경우도 우리 마음속에 잘못 그려 온 곳들이 많다.

이 책의 목적은 예수 탄생의 이야기를 새로운 눈과 귀로 탐구해 보는 데 있다. 우리는 성지를 순례하며 이야기 등장인물들의 발걸음을 재추적할 것이다. 이 과정에서 이야기의 배경이 된 여러 장소들을 직접 걸어다니며 느낀 경험과 역사학자들과 고고학자들, 성서학자들과 신학자들로부터 얻은 자료를 참고하여 크리스마스의 진정한 의미를 새롭게 찾아 낼 것이다. 바로 그 의미를 찾기 위해 이 책은 다음의 네 가지 질문을 다룰 것이다.

- 첫 크리스마스에 이르기까지 실제로 그전에는 무슨 일들이 일어났는가?
- 이 이야기를 통해서 우리가 하나님의 성품에 대해 배울 수 있는 것은 무엇인가?
- 이 이야기는 아기 예수에 대해서 무엇을 가르쳐 주는가?
- 이 이야기는 오늘날 우리의 삶에 무슨 의미가 있는가?

우리는 이 책의 매 장(章)에서 크리스마스 이야기의 여러 부분들을 다루면서 위의 질문들을 언급하여, 크리스마스 이야기가 예수 그리스도와 하나님의 뜻에 대해서 무엇을 가르쳐 주는지를 배우게 될 것이다.

나사렛

크리스마스 이야기는 예수께서 탄생하시기 9개월 전 나사렛 동네에서 시작된다. 만일 누군가가 세상이 떠나갈 듯 목청을 높여 온 세상 사람들이 다 듣도록 할 만한 이야기가 있다면 바로 이 이야기이며, 나사렛 동네에 얽힌 이야기와 그 이야기 속에 담긴 하나님의 인격과 성품에 대해 살펴보는 일은 우리의 신앙 여정에 큰 의미와 도전을 줄 것이다.

예수님 당시 나사렛은 오늘날에 비하면 훨씬 사람들에게 알려지지 않은 곳이었다. 탈무드에 기록된 갈릴리 지역 63개 동네 명단과 그 지역에 익숙한 1세기 유대 역사학자 요세푸스가 작성한 45개 동네 명단에 나사렛은 빠져 있다. 나사렛이 탈무드와 요세푸스의 기록에 빠져 있는 것으로 보아 규모는 훨씬 더 작았을 것으로 보이지만, 대략 100명에서 400명 정도의 인구가 살던 작은 고을이었다. 만약 그 동네 출신 누군가가 나사렛에 대해 말한다면, 그는 나사렛보다는 더 잘 알려진 인구 3만의 이웃 도시 세포리스[1]를 언급했을 것이다. 세포리스는 문화와 상업의 중심지였으며, 이곳에서는 고급 모자이크 마루가 있는 호화주택이 발굴되기도 했다. 그와는 달리 나사렛에서는 1세기 당시 가난한 이들의 흔한 주택인 동굴집의 흔적이 발견되었고, 거기에 주로 사는 농부와 목자, 일용노동자들은 일자리를 구하고 물건을 팔기 위해 편도 한 시간 거리의 세포리스까지 걸어다녔다.

나사렛의 낮은 사회적 위상은 요한복음서 1장 45, 46절에서 빌립이 나다나엘에게 "모세가 율법에 기록하였고 여러 선지자가 기록한 그이를 우리가 만났으니 요셉의 아들 나사렛 예수니라."라고 하자 나다나엘이 "나사렛에서 무슨 선한 것이 날 수 있느냐"라고 대답한 것을 통해서 알 수 있다. 나는 오늘날 나사렛과 같은 지역을 머릿속에 그려 보기 위해, 내가 살고 있는 캔자스 주의 거리 신호등과 고속 인터넷은 물론 심지어는 식당이나 식품점조차 없는 수백여 개의 작은 동네들을 생각해 본다. 그런 동네에 사는 아이들은 학교가 없어 옆 동네까지 가야 하고, 누구도 자기가 사는 곳에 대해 자긍심을 갖지 못한다. 그들은 그저 정직하게 열심히 일만 하며 사는 선한 사람들이다. 이게 내가 마리아의 고향을 떠올리며 머리에 연상하는 그림이다.

---

1) Sepphoris. (역자 주: 구약성경 여호수아 19:15의 '갓닷' 혹은 사사기 1:30의 '기드론')

생수

       나사렛은 예수님 탄생 200여 년 전에 그 지역에서 일하며 인생의 새 출발을 원했던 사람들이 시작한 마을처럼 보인다. 사람들이 보통 새 동네를 세우게 되면 마실 물이 있는 곳을 찾게 마련인데, 나사렛이 된 지역도 샘물이 있었다. 마리아도 분명 자라면서 이 샘물가에서 물을 길러 날랐을 것이며, 사실은 아직도 그 샘물이 그대로 있다. (성서시대에는 시원하고 깨끗하며 땅에서 솟아오르는 샘물을 생수라고 불렀다.) 여러 세기를 거쳐 동네가 확장 발전하면서 마을이 샘물 위로 솟아 형성되는 바람에 오늘날 방문객들은 나사렛 시내 수태고지 희랍정교회 건물 안의 지하계단으로 내려가야만 그 샘물가를 볼 수 있다.

    나사렛에서 30년을 사신 예수님이 제자들에게 생수에 대해 언급하실 때마다, 또 수가 성 우물가에서 만난 여인에게 "네게 물 좀 달라 하는 이가 누구인 줄 알았더라면 네가 그에게 구하였을 것이요 그가 생수를 네게 주었으리라 … 내가 주는 물을 마시는 자는 영원히 목마르지 아니하리니."(요 4:10, 14)라고 하셨을 때, 예수님은 분명히 나사렛의 샘물을 기억하며 말씀하셨을 것이라고 나는 확신한다. 예수님은 그 샘물가에 동네를 세운 사람들과 마찬가지로 물이 생명이라는 것을 아셨고 또 살아 있는 (샘)물의 복을 알고 계셨다.

그 샘물가에 위치한 교회의 이름이 말해 주듯, 그리스 정교회 성도들은 바로 이 장소에서 마리아가 천사 가브리엘을 통해 그리스도의 수태소식을 통보받았다고 믿는다. 결과적으로 그리스도인들은 하나님이 인간의 몸을 입게 되신 성육신의 신비가 이곳에서 시작되었다고 믿게 된다.

나는 수태고지 희랍정교회 건물 지하에서 흘러 올라오는 샘물을 직접 보고 그 소리를 듣고 있자니 "내 백성이 두 가지 악을 행하였나니 곧 그들이 생수의 근원되는 나를 버린 것과 스스로 웅덩이를 판 것인데 그것은 그 물을 가두지 못할 터진 웅덩이들이니라."라고 한 예레미야서 2장 13절 말씀이 떠올랐다. 자신을 '생수의 근원'이라고 지칭하신 하나님이 나사렛의 샘물을 선택하셔서 그곳에서 마리아로 하여금 아이를 갖게 하시고, 또 그 아이가 나중에는 자신을 '생수를 주시는 분' (요 4:10)으로 지칭하게 된 일을 하나의 우연이라고 할 수 있을까?

마리아는
동굴에서 살았나?

로마 가톨릭 성도들은 위에 언급한 샘물가 대신 그곳에서 몇 블록 떨어진 곳에 있는 마리아의 집터를 수태고지 장소로 본다. 서기 300년대 후반부터 이 장소에 교회를 세우기 시작했는데, 1969년에 완공된 현재 건물(수태고지 대성당)은 현대식 2층 콘크리트 구조물이다. 이 건물 위층 교회본당의 제단 가까이에는 아래층까지 멀리 내려다볼 수 있는 넓은 공간이 있는데, 바로 그곳에서 교회의 아래층 쪽을 쳐다보면 이 교회의 가장 성스러운 공간인 마리아의 집터 동굴 입구가 보인다. 방문객들이 이어진 계단을 타고 아래층으로 내려가면 바로 동굴 입구에 도착하는데, 가톨릭 전통에 따르면 마리아는 이곳에서 자신을 하나님께 드렸으며, 따라서 이곳이 '말씀이 육신이 된 곳'이다.

방문객들은 마리아 가족이 이 동굴에서 살았거나 아니면 마리아의 집 일부가 이 동굴이었을 것이라는 사실에 의아해할 수 있다. 그러나 현재도 동굴이 성지 지역 전체에 널리 퍼져 있고, 연한 석회암은 비교적 용이하게 깎아 낼 수 있어서 방을 추가하거나 빛의 통로를 만들기에 적격이며, 아직도 나사렛에는 사람들이 동굴을 자신들의 처소나 창고 및 동물들의 숙소로 사용하는 모습을 볼 수 있다.

사람들이 동굴에 살았다는 것을 아직도 확신할 수 없으면 구약의 예를 살펴보면 된다. 롯은 딸들과 굴에서 살았고(창 19:30), 다윗 임금은 아둘람 굴에서 살았다(삼상 22:1; 삼하 23:13). 나중에 알게 되겠지만 이스라엘과 팔레스타인 지역의 중요한 성지들은 동굴로 되어 있다. 물론 가정집의 지하가 동굴이었고 지상에 지은 원래 집이 나중에 파손되었을지도 모른다. (마리아의 집으로 보이는 동굴에도 동굴 위층으로 향하는 계단이 있다.) 그러나 어떤 경우에는 동굴 자체가 집 전체였을 수도 있다.

95세인 이모할머니는 최근 내게 1800년대 우리 가족들이 살던 오클라호마의 농장 사진 하나를 보여 주셨다. 성지의 동굴과는 달리, 그들의 거주공간은 땅을 파서 방을 만들고 거기에 문과 굴뚝을 내고 햇빛이 들어오도록 구멍을 낸, 일종의 오래된 지하방이었으며, 지상의 작은 건물은 부엌과 식당으로 사용되었다. 주변에 산이 없어 나무를 구하기가 쉽지 않은 시골평지에서, 특히 건축자재를 구하기가 어려운 가난한 사람들에게 지하방을 삶의 공간으로 꾸미는 것은 얼마든지 있을 수 있는 일이었다.

고대는 물론 오늘날까지도 성지의 동굴 속의 삶은 나사렛에서 사는 사람들의 겸허한 삶의 모습을 우리에게 보여 주는데, 근처 세포리스의 부잣집에 사는 사람들의 삶과는 너무나 대조적인 모습이다.

나사렛의 의미

작은 동네 나사렛의 이름은 거기에 사는 사람들에 대해 무엇인가를 말해 주고, 마리아가 갖게 될 아이의 정체성에 대한 일종의 실마리를 제공해 준다. 나사렛은 '줄기' 혹은 '새싹'이라는 뜻을 지닌 히브리말 '넷체르' (*netzer*)에서 왔다. 종종 나무를 자르면 그 그루터기에서 새싹이 나와 죽은 나무가 있던 그 자리에서 크게 자라게 되는데, 이때 그 새싹을 히브리말로 '넷체르' 라고 한다. 그러면 이곳에 처음 동네를 세운 이들은 왜 동네 이름을 '새싹' 이라고 불렀을까?

구약성경의 많은 부분들은 이스라엘의 멸망을 예견하거나 혹은 그 멸망에 대한 응답으로 쓰였다. 이스라엘 북 왕국은 기원전 722년에 아수르 왕조에게 멸망당했고 유다로 알려진 남 왕국은 기원전 586(혹은 587)년에 바빌론 왕국에게 멸망당했다. 예언자들은 이스라엘의 멸망과 재출현에 대해 언급하면서 이스라엘을 이미 잘려진 나무로, 그러나 그 나무는 새롭게 다시 새싹으로 나올 나무인 것처럼 그렇게 비유했다. 이스라엘은 '새싹'으로 불리는 한 메시아적 인물에게 인도함을 받을 것이며 따라서 이사야서 11장 1절부터 4절 그리고 6절은 말한다.

"이새의 줄기에서 한 싹이 나며 그 뿌리에서 한 가지가 나서 결실할 것이요 그의 위에 여호와의 영 곧 지혜와 총명의 영이요 모략과 재능의 영이요 지식과 여호와를 경외하는 영이 강림하시리니 그가 여호와를 경외함으로 즐거움을 삼을 것이며 그의 눈에 보이는 대로 심판하지 아니하며 그의 귀에 들리는 대로 판단하지 아니하며 공의로 가난한 자를 심판하며 정직으로 세상의 겸손한 자를 판단할 것이며 그의 입의 막대기로 세상을 치며 그의 입술의 기운으로 악인을 죽일 것이며⋯⋯. 그 때에 이리가 어린 양과 함께 살며 표범이 어린 염소와 함께 누우며 송아지와 어린 사자와 살진 짐승이 함께 있어 어린 아이에게 끌리며."

넷체르는 희망의 약속이었다. 이사야서 11장에 사용된 대로, 이 말은 이스라엘이 비록 쓰러진 나무처럼 잘려 넘어졌지만 다시 한 번 일어날 것이라는 약속을 나타낸다. 바벨론에게 유다가 멸망한 지 50년이 지난 후, 유대인들은 예루살렘으로 돌아올 것이며, 유다는 새싹처럼 일어설 것이다. 또한 이들은 예언자들의 예견대로 자신들을 인도할 '새싹' 곧 '메시아' 가 오시기를 희망했다. (비록 예레미야와 스가랴는 '넷체르' 를 사용하지는 않았지만 역시 그들도 이와 같은 비유를 사용했다.)

　나사렛의 설립자들은 비록 이스라엘이 아수르와 바벨론, 희랍과 로마인들에게 잘려 넘어졌다고 해도 하나님이 이스라엘을 회복시키심으로 새 나뭇가지가 그루터기에서 다시 나올 것이라는 희망을 표현하는 하나의 방법으로 나사렛이라는 이름을 사용했을 것이다. 저들은 이사야 선지자의 말대로 하나님이 계시는 한 결코 절망할 이유가 없다는 표시로, 또 언젠가 메시아가 이스라엘에 오신다는 절대적인 희망 표현으로 이 이름을 사용했을 것이다. 이는 마치 "우리는 항상 희망이 있다고 믿습니다. 우리는 하나님이 우리를 구원하실 것이라고 믿습니다. 우리는 하나님이 우리를 구원할 새 왕을 보내 주실 날이 올 것이라고 믿습니다."라고 말하는 것과 같았다. 그런데 저들은 이사야와 예레미야, 스가랴 선지자들을 통해서 예언된 새 가지가 결국 자신들이 살고 있는 그 동네에서 마리아의 몸을 통해 태어나 자라게 될 어린 아이일 줄은 꿈에도 생각하지 못한 셈이다.

왜 나사렛인가?

지금까지 나사렛과 그 동네 사람들에 대해 살펴본 내용을 생각하며 한 가지 제기되는 질문은 '왜 나사렛인가?' 하는 점이다. 하나님은 무슨 특별한 이유로 그리스도의 탄생을 위해 여인을 고르시는데 많은 동네들 가운데 이 작은 나사렛을 선택하셨을까? 왜 하나님은 사람들에게 멸시를 당하고(나사렛에서 무슨 선한 것이 나오겠습니까?) 갈릴리 지역 내 리스트에조차 들지 못한 이 동네를 선택하셨을까? 세포리스의 부유한 집이 아닌 나사렛의 가난한 가정 특히 동굴에서 사는 사람들 속에서 이 일이 일어났다는 것은 하나님의 어떤 속성을 말해 주는가? 이 이야기를 통해서 우리는 하나님이 당신의 목적을 이루실 때에 어떤 부류의 사람들을 더 귀히 여기시고 또 사용하시는지를 알 수 있는가?

이 이야기는 우리에게 하나님은 겸손하고 온유한 자를 찾고 계신다는 것을 말해 준다. 하나님은 작은 자를 택하셔서 큰 일을 이루고 싶어 하신다. 하나님은 노예를 택하시어 선민이 되게 하시고, 이새의 일곱 번째 목동 아들 다윗을 택해 이스라엘의 임금이 되게 하신다. 바울이 고린도교회에게 말하듯이, "하나님은 세상의 미련한 것들을 택하사 지혜 있는 자들을 부끄럽게 하시고 세상의 약한 것들을 택하사 강한 것들을 부끄럽게 하시며 세상의 천한 것들과 멸시 받는 것들과 없는 것들을 택하사 있는 것들을 폐하신다"(참고. 고전 1:27, 28). 또 야고보는 "하나님이 교만한 자를 물리치시고 겸손한 자에게 은혜를 주신다."(약 4:6)고 말한다.

마리아

　　　이제 하나님의 선택으로 그리스도의 어머니가 된 여인에 대해 자세히 살펴보자. 이 여인은 벽촌의 작은 동네에서 살았고, 아마도 교육도 받질 못했으며, 세포리스 어느 가정의 종노릇을 한 가난한 가정 출신에다, 그 식구들은 어느 부잣집의 바닥 청소를 하며 생계를 유지했을 수도 있다. 그렇다면 이 사람들은 자신들을 높일 줄 모르고 아무런 꾸밈없이 하나님과 겸손하게 동행한 사람들이었을 것이다.

　　마리아는 나이가 13세 정도였지만 오늘 우리가 생각하는 것보다는 더 성숙했을 것이다. 왜냐하면 고대 근동지방에서 여자들은 이미 그 나이에 결혼을 했기 때문이다. 오늘날 시각에서 보면 이상하게 여길지 모르나 그 당시 사람들의 평균 수명이 35세 이하였고 대부분 학교를 다니지 않았으며, 특히 여자 아이들은 첫 생리를 하면 어른으로 여겨 바로 결혼하였다. 마리아도 약혼을 한 상태였다. 당시 습

The
Journey　예수탄생으로 가는 여행
나사렛의 마리아

관에 따르면 약혼식 후 1년의 법적 약혼 기간을 지나 결혼을 하고 자녀를 낳기 시작하는데, 대부분 여자들은 그때부터 출산적령 기간 동안 매년 아이를 낳으면서 출산 과정에서 죽지 않고 살 수 있게 해 달라고 늘 기도했다.

누구라도 그랬겠지만 마리아는 자기에게 천사가 찾아올 것이라고는 예상하지 못했다. 여기서 '천사'(Angel)라는 단어는 희랍어로 '사자'(Messenger, 使者)라는 말이다. 우리는 여기서 천사를 날개가 달린 어떤 존재로 생각하지만 사실은 마리아에게 나타난 가브리엘은 보통 사람이었던 게 확실하다. 그 이유는 성경 어디에도 마리아가 가브리엘의 메시지에 놀랐지 외모에 놀랐다는 기록이 없기 때문이다.

앞에서 말했듯이 그리스 정교회 사람들은 가브리엘이 마리아에게 나타난 것은 마리아가 샘물가에 있을 때라고 믿는다. (샘물가에 있는 교회의 또 다른 이름은 성가브리엘 교회이다.) 이 이야기의 전통은 2세기까지 거슬러 올라가며, 가톨릭 성도들은 하나님의 사자가 나타났을 때 마리아가 샘물가가 아닌 집에 있었다고 믿는다. 장소가 어디였든지, 흥미로운 사실은 가브리엘의 인사말에 있다. 그는 "은혜가 충만한 자여 평안할 지어다. 주께서 너와 함께하시도다!"라고 말했다(참고. 눅 1:28). 그러나 가톨릭 성도들은 "은혜가 충만한 마리아여 평안할 지어다. 주께서 너와 함께하시도다!"라는 말에 더 익숙해 있다.

사실 '은혜가 충만하다' 는 말의 의미를 놓고 많은 논쟁이 있어 왔다. 이 말을 뜻하는 희랍어는 한 단어인데, 가톨릭 교리는 이 말을 근거로 마리아의 무염시태(無染始胎, 죄 없이 잉태하고 태어남)를 주장한다. (예수님도 죄 없이 태어나셨다. 그러나 많은 개신교도들은 이 무염시태의 교리가 예수님의 수태를 일컫는다고 잘못 알고 있다.) 하지만 개신교도들은 마리아가 죄 없이 잉태되었다고 보지 않고 이 표현에서 무염시태를 주장할 만한 근거를 찾지 않는다. 개신교도들은 이 단어를 '큰 은혜를 받은' 으로 해석하고, 하나님이 마리아에게 호의와 은총과 사랑을 보여 주었다고 이해할 뿐이다. 대체로 가톨릭과 정교회 성도들은 자신들의 교회 전통에 따라서 마리아의 역할을 성서본문 주장 이상으로 높이 세우는 경향이 있고, 반면에 개신교도들은 마리아의 위상을 성서본문 주장보다 낮게 낮추는 경향이 있다. 주장이 어떻든 하나님은 분명히 마리아를 아주 특별한 사람으로 선택하셨다.

'은혜가 충만한' 이라는 표현은 희랍어의 한 단어(*kecharitomene*, 케카리토메네)를 번역한 말이다. 여기서 밑줄을 친 카리(*chari*)는 신약성경에 이런 저런 모습으로 170회나 나온다. 이 말은 기독교 신앙에서 매우 중요하며 복음의 의미와 깊이 관련되어 흔히 '은혜' 로 번역된다. 자연 '케카리토메네' 는 문자적으로 '은혜로 충만한 사람' 을 은혜란 자격 없는 우리가 선하심, 친절하심, 구원, 용서, 축복 등 이 모든 것들을 하나님께 받게 되는 순수한 선물들이다.

뜻한다. 그래서 가브리엘은 마리아를 '은혜가 충만한' 사람으로 호칭한 것이다. 그러면 여기서 은혜란 무엇을 의미하는가? 아마도 이 말은 우리가 아무 때나 너무 자주 사용하기에 그 참 의미를 잃어버린 것 중 하나이지 싶다.

신약성경에서 이 단어는 상황에 따라 그 의미가 변한다. 바울은 "은혜와 평강이 여러분에게"라는 말로 대부분 서신들을 시작하고, 또 "우리 주 예수 그리스도의 은혜가 여러분과 함께하시기를"이란 말로 글을 마친다. 우리는 하나님의 은혜 속에 서 있고, 그분의 은혜로 살며, 그분의 은혜로 구원받고, 필요할 때마다 은혜를 구하며, 그분에게 나아간다. 그렇다면 은혜란 무엇인가?

은혜는 하나님의 친절하심, 그분의 사랑하심, 그분의 돌보심, 우리를 위한 그분의 역사(役事)하심, 그분의 축복, 그분의 은사, 그분의 선하심, 그분의 구원이라고 말할 수 있지만, 은혜는 이 모든 것 이상이다. 은혜란 자격 없는 우리가 선하심, 친절하심, 구원, 용서, 축복 등 이 모든 것들을 하나님께 받게 되는 순수한 선물들이다. 이런 은혜의 선물은 우리의 삶을 바꾸는 능력이 있다.

이 같은 사실들은 예수 그리스도 안에서 드러난 하나님의 성품에 대해 말해 준다. 하나님은 은혜로우시며, 선하시고, 친절하시며, 사랑이 많으시고, 마음이 뜨거우시며, 당신의 자녀들을 위해 늘 선한 것을 원하시며, 또 이런 것들을 자격 없는 우리에게 순수하게 선물로 주신다.

은혜는 성탄절 사건의 중심이다. 마리아의 몸에서 태어날 아이는 하나님의 은혜를 구체화시키고 육화(肉化)시킨다. 그의 메시지는 은혜의 메시지이며, 그의 삶은 죄인들과 세리들, 창녀들에게 은혜를 베푸신다. 당시 회당의 랍비들은 저들을 거부하고 저들을 향한 하나님의 심판과 진노를 선포했지만 예수님은 저들을 위해 하나님의 사랑과 자비와 친절함을 베풀며 삶을 나누셨다. 예수님은 저들에게 은혜를 베푸신 것이다. 이러한 은혜는 또한 능력을 나타낸다. 우리가 받을 자격이 없다고 느끼는 이들에게 사랑과 친절, 따뜻한 마음으로 정을 나누고 선한 뜻을 전해 줄 때, 이런 은혜의 행위는 능력이 있어 저들의 마음을 변화시키고 상처 난 관계를 치유해 주며 사람들과 심지어는 민족들 간에도 화해가 일어난다. 은혜는 받는 이들은 물론 베푸는 이들까지도 변화시킨다.

본문 이야기에서 마리아는 천사의 말대로 틀림없이 '은혜가 충만'했지만, 천사의 말을 듣고 분명히 혼란스러워했고 심지어는 그 때문에 매우 두려워했다. 그렇다면 이 천사라는 나그네는 누구였고, 하나님이 마리아와 함께하셨고 또 마리아가 은혜를 입었다고 한 말의 의미는 무엇인가? 가브리엘은 마리아를 진정시키듯 이렇게 말했다.

> "무서워하지 말라 네가 하나님께 은혜를 입었느니라. 보라 네가 잉태
> 하여 아들을 낳으리니 그 이름을 예수라 하라. 그가 큰 자가 되고 지
> 극히 높으신 이의 아들이라 일컬어질 것이요 주 하나님께서 그 조상
> 다윗의 왕위를 그에게 주시리니 영원히 야곱의 집을 왕으로 다스리실
> 것이며 그 나라가 무궁하리라." (눅 1:30~33)

가브리엘은 마리아에게 아들의 이름을 예수아(Yeshua)로 지으라
고 말했다. (예수는 헬라어에서 온 말이나 마리아는 가브리엘의 말을 아
람어로 들었을 것이며, 아람어로 예수의 이름은 '하나님이 도우신다.' 혹
은 '하나님이 구원하신다.' 는 뜻을 가진 '예수아' 다.) 예수아는 그 말의
변형체인 '여호수아' 라는 이름에서 보듯이 당시 흔한 이름이었으
며, 보통 적군에게서 하나님의 백성을 구해 준다는 큰 장수의 이미
지를 떠올린다. 예수는 분명 그 이름대로 구원자가 될 것이지만, 그
는 칼의 힘이 아닌 십자가와 부활 및 그가 가르친 메시지의 능력으
로 인류를 구원하실 것이다.

가브리엘은 마리아에게 아이가 '큰 자' 가 될 거라고 말했다. 그
아이는 언젠가 자기 제자들에게 "너희 중에 누구든지 크고자 하는
자는 너희를 섬기는 자가 되어야 한다." (마 20:26)고 한 말이 무엇을
의미하는지를 가르칠 것이다. 가브리엘은 또 마리아에게 그 아들이

'지극히 높으신 자의 아들'로 불리게 될 거라고 말했는데, 사실 당시 모든 유대의 자녀들은 하나님의 아들과 딸로 불렸다. 그럼에도 가브리엘의 소식이 특별한 의미를 갖는 이유는 예수가 지극히 높으신 자로 불리는 여러 명의 아들 중의 하나가 아니라 예수만이 유일하게 그렇게 불리게 된다는 사실 때문이다. 예수는 지극히 높으신 자의 아들로 불리는 또 하나의 인물이 아니고 유일한 분이다. 결국 가브리엘은 마리아에게 그녀의 아들이 오랫동안 고대해 온 메시아 임금이 되고 야곱 가문을 영원히 다스리게 된다고 말한 것이다.

그리스도인들은 예수의 탄생을 축하하면서 그분이 우리의 구원자시요 하나님의 아들이시며 영원하신 하나님 나라의 임금으로 나셨음을 함께 노래한다. 그분의 왕국은 국경이 아닌 그분을 구세주 주님으로 부르는 모든 이들의 믿음과 헌신으로 정한다. 예수님은 후에 이 왕국을 어떤 장소의 개념이 아닌 삶의 방식으로 규정하신다. 하나님 왕국의 백성은 하나님과 이웃을 사랑한다. 그들은 평화를 만들어 가는 사람으로 행동하며 원수까지도 사랑하고 자신들에게 악을 행한 이들을 위해 기도하고 용서한다. 이런 하나님의 나라에서 사람들은 선한 사마리아 사람의 예를 따라, 헐벗은 자를 입히고, 굶주린 자를 먹이며, 목마른 자에게 마실 것을 주며, 나그네를 따뜻이 맞이한다. 그리스도인들은 예수를 자신들의 임금으로 알고 사랑하며 섬김으로써 생명과 구원, 희망을 찾을 수 있다고 믿는다.

동정녀 탄생

가브리엘에게 예수 탄생 소식을 들었을 때 마리아가 보인 반응은 우리 모두가 이해할 수 있는 정도로 현실적이었다. 마리아는 "나는 아직 혼인도 하지 않았고 사내도 알지 못합니다. 어떻게 이런 일이 있을 수 있죠?"라고 물었다. (이 사실로 보아 마리아는 자신에게 태어날 아기가 누구인지 충분히 이해하지 못했다.) 이때 가브리엘은 마리아에게 "성령이 네게 임하시고 지극히 높으신 이의 능력이 너를 덮으시리니 이러므로 나실 바 거룩한 이는 하나님의 아들이라 일컬어지리라."라고 말했다. (눅 1:35)

이 말씀은 동정녀 탄생교리의 기초가 되며, 마태와 누가 두 사람은 마리아가 이런 초자연적 방식으로 아이를 갖게 되었다고 기록한다. 그러나 저들은 여기서 예수님의 잉태와 탄생에 대한 생물학적 보고를 하고 있지 않다. 생물학적 관점에서 보면, 마리아는 필요한 유전자의 반쪽밖에 제공할 수 없었고 또 예수는 기껏해야 자기 어머니의 복제품에 지나지 않았을 것이다. 가브리엘의 설명은 생물학이 아닌 신학적인 것이다. "성령이 네게 임하시고 하나님이 너를 덮으시리니."라는 표현이 어떻게 보면 성적인 언어로 들릴지 모르나, 이는 가브리엘이나 누가의 의도와는 상관없이 하나님의 직접 행동으로만 가능했던 마리아 잉태 사건의 실체이다.

동정녀 탄생에 대한 교회의 교리는 예수님 안에서 인성과 신성이 연합한 사실을 가르쳐 준다. 예수님은 유일하신 하나님의 아들이시며, 이는 하나님이 마리아의 몸속에 직접 자신을 나타내도록 개입하셨기에 가능했다. 아이를 잉태하는 데에 필요한 유전자적 재료는 하나님에게서 왔다. 예수님은 부처나 모하멧 또는 인류의 존경받는 다른 종교적 인물들과는 다른 방식으로 하나님의 아들이었으며, 또한 마리아의 아들이시면서 동시에 하나님의 아들이었다.

기원후 325년의 니케아신조에서, 교회는 예수님은 하나님에게서 나시되 만들어지지는 아니하셨으며, 동시에 나시는 예수 안에 하나님의 직접적인 역할이 있으셨기에 예수님은 하나님과 동일 본질이시며, 하나님의 본질이 인간의 육신과 합하여 함께 존재하게 되었다고 고백했다. 이런 이유로, 예수님은 "너희가 나를 보았으면 아버지를 보았다."고 말씀하셨고, 바울은 "그는 보이지 아니하는 하나님의 형상이시오… 아버지께서는 모든 충만으로 예수 안에" 거하신다고 기록한다. (골 1:15, 19)

그리스도인들은 예수를 언급할 때 성육신을 언급하는데, 성육신이란 단어는 본질적으로 '육화'(肉化)를 뜻하며, 하나님의 본질이 마리아 몸속 아기에서 사람의 몸을 입었음을 나타낸다. 예수의 경우, 신성이 인간성 안으로 들어갔고 우주의 창조주께서 그 아들을 통해 우리 가운데 걸으셨으며, 이때 그분은 호화로운 왕궁의 정복자 황제가 아닌 미혼모에게 태어나 변두리 시골 동네의 목수 아들로 자라난 농부로서 우리에게 오셨다.

이런 동정녀 탄생의 개념은 특히 19세기 말과 20세기 초 그리스도인들에게 논란이 되었다. 하나님은 과학자들이 증명할 수 있는 것들만 행하실 수 있는 분이라는 전제하에, 저들은 과학의 눈을 갖고 "우리가 어떻게 동정녀 탄생을 믿을 수 있는가?"라고 질문했다. 어떤 이들은 동정녀 탄생을 이해하기 어려워 기독교 자체를 부정하기도 했으며, 또 어떤 근대주의자들은 마리아와 요셉이 정상적인 남녀 관계로 예수를 임신했고 하나님의 성령이 그 아이 안에 특별한 방법으로 거하신다고 주장하면서, 동정녀 탄생 이야기는 예수가 어떻게 잉태되었는지의 문제가 아니라 예수가 어떻게 유일한 하나님의 아들이 되는지의 문제에 더 관심을 가져야 한다는 주장도 펼쳤다. (또 이보다 더 진보주의적인 입장으로, 어떤 이들은 예수가 유일한 하나님의 아들이라는 사실 자체까지도 부정하기도 한다.)

한편 어떤 그리스도인들은 예수께서 하나님의 아들이라는 것을 믿는 유일한 길이 동정녀 탄생을 믿는 것이라고 말하며, 동정녀 탄생을 믿지 않고는 그리스도인이라고 할 수 없다고 주장한다. 다른 이들은 이에 대한 반론으로 동정녀 탄생이 사도 바울이나 마가와 요한복음서에서는 전혀 언급조차 되지 않는다고 지적하면서, 성경에 이처럼 적게 강조된 이 교리가 어떻게 믿음의 조건이 되는지에 의문을 던진다. 결국 초대 기독교의 성도들은 예수께서 어떻게 잉태되셨는지의 이야기를 잘 알지 못했을 것이며, 그렇다면 이 교리를 과연 믿음의 조건으로 여겼겠느냐 하는 의문도 생기는 것이다.

나는 후자의 주장들을 이해하며 어떻게 해서든 믿음의 장애물들을 제거하여 사려 깊은 사람들이 기독교 신앙을 수용할 수 있도록 한 노력에도 공감한다. 그리고 초기의 많은 그리스도인들이 성경의 가르침을 잘 모르고 있었을 것이라는 의견에도 동의한다. 그러나 오늘날 의사들이 인공수정을 하고 과학자들이 동물복제는 물론 인간 배아의 줄기세포를 복제하는 상황에서 나에게는 동정녀 탄생을 믿는 것이 그렇게 어려운 일로 들리지 않는다. 한번 생각해 보자. 우리의 유전자를 설계하시고 생물학의 모든 원리를 창조해 내신 하나님께 동정녀 탄생이 그렇게 어려운 일이셨을까?

동정녀 탄생이 어떻게 가능했던지에 상관없이, 내게 중요한 점은 마태와 누가가 예수님을 하나님의 유일한 아들이시라고 기록하는 시도이며 저들은 예수님의 경우, 하나님의 참된 '본질'이 인간 육신에 들어간 것임을 알려주고 있다는 사실이다. (희랍인들은 이 '본질'을 지칭하는 단어로 신의 속성을 의미하는 뜻의 '우시아' *ousia* 라는 말을 사용했다.) 사실 예수의 잉태가 가능하도록 하나님이 정확하게 어떻게 하셨는지는 성경이나 혹은 마가나 요한, 바울 및 다른 사도들이 쓴 성경 밖의 자료들에서도 그렇게 중요하게 다룬 것 같지는 않다. 그러나 저들에게는 결정적인 것으로 보이지 않았다고 해도, 동정녀 탄생이 우리에게 가르쳐 주는 의미는 아주 중요하다. 그 이유는 "이 아이는 거룩한 자이며 하나님의 아들로 일컬어질 것" 이라는 말씀 때문이다.

마리아는
마리아가 되기를
원했을까?

13세의 마리아는 나사렛 샘물가에 서 있다가 바위에서 솟아나는 물소리에 귀를 기울이다가 하나님의 천사의 말을 들었고, 들은 모든 것을 마음속으로 다 받아들이려고 크게 노력했다. 그녀는 과연 메시아의 어머니가 될 것인가? 그녀는 혼전에 아이를 가질 것이다. 가족들은 무슨 생각을 할 것인가? 요셉은 또 뭐라고 할까? 마리아는 가브리엘에게 "이런 일이 어찌 가능할지 다시 말해 주시지요?"라고 물었다.

그러나 마리아는 그게 다 무엇을 뜻하는지 알 수도 없었고 의문투성이에다 머리가 도는 것을 느꼈지만 결국 가브리엘에게는 간단하고 의미심장한 답을 했다. 모든 것을 다 이해할 필요도 없었고, 그저 그녀는 "주의 여종이오니 말씀대로 내게 이루어지이다."라고 말했다(눅 1:38). 마리아는 정혼한 여인이 약혼자가 아닌 다른 사람의 아이를 갖게 되면 돌로 쳐 죽음을 당하는 당시 율법(참고. 신 22:23~24)을 알고 있었음에도 "예."라고 말했다. 여인들 중 어떤 이들은 출산 중에 죽게 되는 것을 알고도 "예."라고 말했다. 이 일로 결혼식에 대한 꿈이 사라지고 게다가 요셉이 결혼 자체를 취소할 수 있음을 알고도 "예."라고 말했다. 미혼모로 아이와 살게 된다는 사실을 알고도 "예."라고 말했다.

개신교도들은 천주교 내에서 마리아를 지나치게 강조하는 데에 오랫동안 부정적인 반응을 해 왔다. 우리는 천주교인들이 마리아를 '천상의 모후'라고 언급하는 소리를 듣고 약간은 불쾌해하고, 마리아를 경시하며 마리아가 하나님의 계획 속에서 감당한 역할을 최소화시키려 했다. 그러나 우리는 여기서 잠시 멈추고 생각해 봐야만 한다. 인류를 구원하는 데에 예수님을 빼고 어느 누가 마리아에 견줄 수 있는 중요한 역할을 했는가. 인류의 구속과 역사에 개입하신 하나님의 계획 등 모든 일이 마리아가 가브리엘에게 어떤 대답을 하느냐에 달려 있던 것이 아닌가.

마리아의 동의는 성육신의 신비를 가동시켰고, 그녀가 응답한 결과로 메시아는 그 몸속에서 자라나게 되었다. 아기 예수의 몸에 영양분을 공급한 것은 마리아의 피였고, 어미로서 부르고 얼른 그녀의 정겨운 노래와 말소리들은 그녀 몸속의 그리스도를 진정시키고 위로했다. 하나님의 신성이 9개월 동안이나 그녀의 몸속에 거하셨고,

그 이전과 이후에 누구도 마리아만큼 하나님과 이런 친밀한 연합을 가진 이가 없다. 마리아가 우리 구원을 위해 한 역할은 옛 찬송가의 가사에 나타나 있듯이 '온 우주도 품을 수 없는 그분을 당신의 몸속에 품으신' 것이다. 초대 교회는 마리아를 가리켜 '테오토코스'(Theotokos, 하나님의 어머니)라고 했으며, 이는 바로 마리아가 낳은 아들이 누구이며, 이 이야기 가운데 그녀가 한 역할이 얼마나 중요한지를 알려 주는 말이다.

마리아가 아기 예수를 낳아 양육할 때 하나님의 아들은 그녀의 가슴을 통해 나오는 젖을 먹고 힘을 얻었다. 마리아는 그를 품 안에 안고 기저귀를 바꿔 주며 목욕을 시키고 자장가를 불러 주었으며, 그를 가르쳐 하늘에 계신 아버지에 대한 믿음을 그 안에 불러 넣어 주었다. 그녀는 자기 아들을 위해 걱정해 주고 울어 주고 무엇보다도 그를 사랑하였다. 또 그로부터 33년이 지난 후에 그가 로마의 십자가 위에서 죽을 때 그녀는 그를 옆에서 지켜보며 한없이 눈물을 흘렸다.

이는 참으로 깊고 심오한 생각들인데 우리는 이제 그 이야기를 시작했을 뿐이다. 이는 마리아의 이야기지만 우리는 이 이야기를 통해 우리 자신을 보게 된다. 나는 몇 년 전 크리스천 쿤이라는 목사님이 자기 교회 성탄절 연극 이야기를 〈크리스천 센튜리〉(Christian Century) 잡지에 기고한 글을 읽었다. 이 연극에서는 많은 어린이들이 등장해 노래를 하고 춤을 추며 동방박사와 목동, 양과 노새, 낙타

등으로 분장을 하는데, 어느 아이도 다투어서 요셉 역할에 선뜻 자원하지 않았다고 한다. 이유는 연극에서 요셉의 역할이 신통치 않았기 때문이다. 그러나 연극 연출자가 "그럼 너희 중에 누가 마리아 할래?"라고 물었을 때, 모든 여자 아이들은 저마다 위아래로 뛰며 손을 들고 자기가 하겠다고 나섰다고 한다. 마리아의 역할은 그만큼 주연급이란 말이다.[2]

그러나 그때 쿤 목사는 이런 질문을 던진다. "당신은 마리아가 마리아 되기를 원했다고 생각하는가?" 독자 여러분들은 어떻게 생각하는가? 그 당시 혼외 임신 스캔들과 그에 대한 처벌을 알고, 또 전통적 결혼에 대한 꿈과 소망이 무너진다는 사실을 알고 있으면서도, 당신 같으면 마리아가 마리아 되기를 원했다고 생각하는가? 그러나 가슴이 울리고, 불확실함과 두려움, 혼란스러움이 있음에도 불구하고 마리아는 분명하게 "주님의 종, 제가 여기 있습니다."라고 대답했다.

마리아가 그렇게 결정한 순간을 생각해 보면서 우리는 우리가 어떻게 살아야 하는지의 예와 간증을 듣게 된다. 그녀의 사명은 우리에게 하나님의 부르심이라는 것이, 종종 감당하기에 어려운 일이며, 그것 때문에 우리 계획들을 옆으로 비켜 놓기도 해야 하고, 평생 가슴에 간직한 희망과 꿈을 포기해야 할 수도 있고, 또 떠맡기에는 위험하고

---

2) http://www.christiancentury.org/blogs/archive/2008-12/who-wants-be-mary

두려운 일일 수 있음을 깨우쳐 준다. 종종 하나님은 우리에게 함께하기를 싫어하는 이들과 함께하기를 원하시고, 가기 싫어하는 곳을 가게 하시고, 하기 싫은 것도 하게 하신다. 이것이 바로 마리아 이야기가 우리에게 가르쳐 주는 교훈이다. 마리아는 두 번씩이나 하나님의 은혜를 입은 자라고 들었으나 그 하나님의 은혜는 그녀에게 편하고 행복한 것이 아닌 위험으로 가득한 삶을 뜻했다. 하나님의 은혜를 입었다는 말이 본래 이런 것을 뜻한다고 생각하기란 쉽지 않은 일이다.

그런데 하나님의 요구에 마리아가 어떻게 응답했는지를 깨달으면서 감화를 받아 우리도 마리아처럼 "주의 종이 여기 있습니다. 당신이 말씀하신 그대로 이 종에게 이루어지이다."라고 고백을 하게 된다. 성탄을 위해 마음의 준비를 하면서 우리는 작은 시골 동네 나사렛과 하나님이 크신 일을 이루시기 위해 그곳의 보잘 것 없는 열세 살 여자 아이를 택하신 것을 기억한다. 가브리엘이 그 소녀 마리아를 초청했듯이 이 절기는 나와 여러분을 초청한다. 성탄절 길목까지 우리를 인도하는 강림절은, 마리아가 한 것처럼 나와 여러분이 우리 자신을 온전히 하나님께 드리기를 초청한다. 성탄절은 우리가 쇼핑을 하기 위해 돈을 얼마나 쓰고, 무엇을 먹고, 누구를 방문하고 하는 일들을 위해 있는 것이 아니며, 마리아가 한 것처럼 우리도 하나님 앞에 "주님, 제가 여기 있습니다. 저를 당신의 뜻대로 사용하시옵소서."라고 자원하는 마음으로 고백하기 위해 있는 것이다.

가브리엘이라 불리는 천사

여러분은 천사에 대해 어떻게 생각하는가? 워싱턴 타임스의 조사에 따르면, 미국인들의 반 정도가 천사의 존재를 믿고 나머지 반은 잘 모른다고 했다. 천사의 모습을 두고, 우리가 양편에 날개를 단 어린이들이 이리저리 날며 사랑에 빠진 사람들의 가슴을 향해 활을 쏘는 장면을 연상한다면, 나는 절대로 속지 않는다. 만일에 우리가 천사를 생각하면서, 존 트래볼타가 거대한 날개를 가진 대천사로 나타난 1996년의 영화 '마이클' 을 언급한다면, 나는 역시 아니라고 할 것이다. 1946년 영화 '멋진 인생' (*It's a Wonderful Life*)에서 클레런스가 불쌍한 조지 베일리를 교각 아래로 떨어지게 하는 장면을 보면 성경에 나오는 천사들에 근접할 수 있다고 볼 수 있지만, 그리 되려면 그가 떨어지면서 날개를 갖게 되는 장면은 생략하고 넘어가야 한다.

우리가 성경에서 천사들에 관해 읽을 때, 천사(angel)라는 단어는 단순히 '사자' (使者)를 뜻한다는 사실을 기억하는 게 중요하다. 천사들은 보통 날개가 없는 보통 사람으로 나타난다. 저들이 입고 있는 옷이 웅장하고 위엄이 있을 수는 있으나, 저들은 단지 하나님의 말씀을 지닌 나그네들이다. 때에 따라 저들이 환상 속에 나올 수는 있지만 대부분 육신의 몸을 지니고 있다. 히브리서 기자(히 13:1, 2)는 당시 그리스도인들이 나그네를 대접하면서 부지중에 천사를 대접했다고 언급한다. 우리의 본문에서도 마리아는 가브리엘의 외모가 아니라 말에 놀랐다. 즉, 가브리엘은 마리아에게 나그네로 나타나 그녀의 삶 속에서 이뤄질 하나님의 뜻을 전했고 그녀가 마음을 열고 하나님의 부름에 기꺼이 응하도록 초청했다.

나는 평생 동안 날개 달린 천사는 한 번도 만나지 못했다. 그러나 나는 그동안 많은 사람들을 만나고 그들을 통해 말씀을 듣고 삶에 큰 변화를 갖게 되었다. 해롤드 토슨이라는 남자는 내가 열네 살 때 우리 집에 와서 문을 두드리며 처음으로 전도를 했다. 그는 후두 제거수술을 해서 목에 단 기계의 스위치를 눌러야만 말을 할 수 있었는데, 우리 동네에서 가가호호 방문을 하며 교회로 초청을 하고 전도를 했다. 나는 당시 하나님을 믿지 않았지만, 그의 방문에 감동을 받고 교회에 나가기 시작했고, 그 이후로 나의 삶은 영원히 변하게 되었다. 대학 시절 나는 백화점에서 여자 구두를 팔고 있었는데, 벨린다라는 여인이 와서 구두를 신어 보게 되었다. 그런데 그녀는 떠나기 전에 우리 부부를 자신이 출석하는 감리교회로 초대했다. 마침 우리는 교회를 찾고 있는 중이었는데, 그녀의 초청과 우리의 응답이 미국 연합감리교회를 새롭게 하는 역사의 일부가 되게 하였다. 만일 해롤드 토슨이 우리 집 문을 두드리지 않았고, 벨린다가 자기 마음속의 음성에 귀 기울여 우리 부부를 자기 교회로 초청하지 않았더라면 나의 삶이 얼마나 지금과 달랐을지를 생각해 본다.

그 이후로도 내게는 수천 명 이상의 사자(使者)들이 더 있었다. 그동안 내가 주일마다 설교를 듣기 위해 예배 때 만난 많은 목사님들과, 하나님이 그들을 통해서 어떻게 내게 말씀해 주셨는지를 생각해 본다. 내가 대학과 신학교를 다닐 때 만난 교수님들은 어떤가? 또 내 아내는? 또 내가 섬기는 교회의 성도들은? 그 예로, 성도들 가운데 낸시는 끈질기게 남아프리카를 방문해 달라고 나를 초청했고 그 방문은 내 목회에 큰 영향을 주었다. 결국 이들 모두가 내게는 하나님의 사자들이었음에 틀림이 없다.

지금까지 한 이야기를 통해 나는 당신에게 묻고 싶다. 당신은 혹시 하나님의 천사들이 여러분에게 찾아와 말을 건넬 때 혹시 그들을 비껴가고 있지는 않은가? 혹시 시간을 내어 당신 주변에서 일어나는 일에 관심을 가지며 그들의 이야기에 경청하는가?

오늘 우리는 모두 바쁘고 또 다른 일들에 사로잡혀 지낸다는 이유로, 하나님이 어떻게 우리에게 말씀하시는지에 귀 기울일 시간이 없는 것은 아닌가? 만일 가브리엘이 샘물가에 접근했을 때 물을 긷던 마리아가 가브리엘에게 "죄송합니다. 지금은 아주 바쁜데 나중에 다시 오실 수 없나요?"라고 하는 장면을 상상할 수 있겠는가? 아니면 가브리엘이 하나님의 계획을 전했을 때 마리아가 가브리엘을 그저 정신 나간 사람쯤으로 취급했다면 어떻게 되었을지 생각할 수 있겠는가? 그렇지만 사실 이런 것이 오늘 이 시대를 바쁘게 살아가는 우리 가운데 많은 이들이 취했을 태도라는 생각이 든다.

하나님은 성경을 통해 말씀하시고 성령의 세미한 음성을 통해 말씀하신다. 그러나 하나님은 역시 사람들 (및 사람처럼 생긴 하늘의 사자들)을 통해서도 말씀하신다. 주의를 집중하고 귀를 기울이라! 그래서 당신의 삶을 향한 하나님의 목적을 놓치는 일이 없기를 바란다.

주님, 내 주변에 사람들을 보내 주시고
그들을 통해 내게 말씀해 주시니 감사합니다.
내가 주의를 기울여 저들을 통해 들려주시는
당신의 목소리를 들을 수 있도록 도와주옵소서.
주님, 말씀하옵소서.
당신의 종이 듣고 있나이다. 아멘.

The Journey: A Season of Reflections, Abingdon Press, 2011

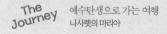

2장 베들레헴의 요셉

당신은 누가 되고 싶은가? 평생을 남들로부터 인정받고 부와 권력, 재물축적을 위해 애쓰며 자신의 행동을 통해서 하는 말이, "봐라, 내가 여기 있다."고 한 헤롯이 되기를 원하는가? 아니면 하나님의 겸손한 종으로 결코 남의 주목을 구하지 않고 기꺼이 "하나님, 제가 여기 있습니다. 저를 사용하소서."라고 한 요셉이 되기를 원하는가?

요셉 이스라엘 성가정성당 유리화 중

지중해

시돈

베니게

두로

헤르몬 산

가이사랴 빌립보

바니아스
아두라

트라고닛

마롬 호수
훌라타

갈릴리 가버나움
세뽀리스
벳새다

갈멜산
나사렛

데가볼리

가이사랴

그리심 산

사마리아

욥바

베뢰아

여리고

예루살렘
아인카렘

베들레헴

헤로디움

유다

사해

가사

이두매

예수시대의
팔레스타인

N
W E
S

SCALE OF MILES
0 5 10 15 20 25 30

"예수 그리스도의 나심은 이러하니라. 그의 어머니 마리아가 요셉과 약혼하고, 동거하기 전에, 성령으로 잉태된 것이 나타났더니, 그의 남편 요셉은 의로운 사람이라. 그를 드러내지 아니하고 가만히 끊고자 하여, 이 일을 생각할 때에 주의 사자가 현몽하여 이르되, 다윗의 자손 요셉아 네 아내 마리아 데려오기를 무서워하지 말라. 그에게 잉태된 자는 성령으로 된 것이라. 아들을 낳으리니 이름을 예수라 하라. 이는 그가 자기 백성을 그들의 죄에서 구원할 자이심이라 하니라. 이 모든 일이 된 것은 주께서 선지자로 하신 말씀을 이루려 하심이니, 이르시되 보라 처녀가 잉태하여 아들을 낳을 것이요, 그의 이름은 임마누엘이라 하리라 하셨으니, 이를 번역한즉 하나님이 우리와 함께 계시다 함이라. 요셉이 잠에서 깨어 일어나 주의 사자의 분부대로 행하여 그의 아내를 데려왔으나"(마태복음 1:18~24)

아, 작은 고을
베들레헴

마리아가 천사를 만나고 자신의 선택이 얼마나 막중한지를 알고 크게 놀란 것처럼 그때 같은 충격과 놀라움에 빠진 또 하나의 인물이 있었다. 그는 다름 아닌 마리아의 약혼자 요셉이었다. 요셉은 선하고 점잖은 남자로 약혼녀가 아이를 가졌고, 자신이 아이의 아버지가 아니라는 것을 알았다.

마리아 이야기는 누가복음서에서, 또 요셉 이야기는 마태복음서에서 소개된다. 비록 두 복음서 이야기가 결국은 예수 탄생으로 이어지지만 두 복음서 저자가 기술하는 방식에는 큰 차이가 있다. 누가의 이야기가 나사렛에서 마리아로 시작된다면, 마태의 이야기는 베들레헴이 무대가 된다. 사람들은 종종 이 두 이야기를 묶어 설명하려 하는데, 그렇게 하면 실제 일어난 일과 거리가 멀어지게 된다.

흔히 우리는 마리아가 아이를 가졌다는 것을 알게 되었을 때 마리아와 요셉은 둘 다 나사렛에 살고 있었다고 생각한다. 또 마리아가 요셉에게 아이 가진 소식을 전한 것도 요셉이 나사렛에 있을 때였으며, 그 후 둘이 결혼을 하고 로마정부의 호구조사 명령이 떨어지자 아이가 태어나기 직전 함께 베들레헴으로 갔다고 생각한다. 그러나 우리가 마태복음서 자체만을 놓고 보면 나사렛은 2장 23절에나 가서야 언급되고, 그때는 이미 아기 예수가 적어도 두 살쯤 되었음을 알게 된다. 마태복음서에서 베들레헴은 요셉의 고향인 것처럼 보인다. 누가복음서 2장 3절의, "모든 사람이 호적하러 각각 고향으로 돌아가매."라는 구절과 그 다음 4절의, 요셉도 베들레헴으로 갔다는 내용이 요셉의 고향은 베들레헴이었다는 위 주장을 확인시켜 준다. (그렇다면, 베들레헴이 요셉의 고향이었다면 왜 마리아는 요셉의 집을 놔두고 마구간에서 아기 예수를 낳았냐는 질문을 하며 이 주장에 반대할 수도 있는데, 이에 대한 답은 나중에 4장에서 다룰 것이다.)

그러니 나사렛이 분명 마리아의 고향인 이상 요셉과 마리아의 약혼은 베들레헴과 나사렛에 사는 양가 지인들의 중매로 이뤄졌을 것이다. 베들레헴이 요셉의 고향이었다는 또 하나의 증거는 누가복음서 1장 39절부터 56절에서 볼 수 있듯이, 마리아가 사촌 엘리사벳을 방문한 얘기에서 찾을 수 있다. 엘리사벳과 스가랴의 고향이 위치한 곳은 전통적으로 아인카렘이라고 부르는데, 베들레헴에서 불과 6.4킬로미터 정도의 거리에 있다. 마리아는 아이를 가졌다는 소식을 듣자마자 나사렛에서 9일 정도를 남쪽으로 걸어 베들레헴에서 6.4킬로미터 정도 떨어진 아인카렘으로 내려왔고, 거기서 3개월 정도를 머물게 된다. 만일 내가 제시하는 대로 요셉의 고향이 베들레헴이었다면, 요셉은 이 기간 동안에 마리아를 만나 아이를 가졌다는 소식을 알게 되었을 것이다. 또한 이 3개월 동안 요셉은 꿈을 통해 아이 탄생에 대한 고지를 받았을 테고, 이 기간이 지난 다음 마리아를 나사렛으로 데리고 가서 결혼식을 올리고 함께 살다가, 호구조사 명령이 있자 베들레헴으로 강제로 돌아오게 되었을 것이다.

요셉 당시 베들레헴은 인구 500명에서 1,000명의 작은 동네였다. 베들레헴의 문자적 의미는 떡집이고 예루살렘에서 9.6킬로미터, 걸어서 두 시간이면 갈 수 있는 거리였다. 그 지역은 주로 일용 노동자들과 양치기들이 살았지만 밀과 보리를 재배하는 농부들과 밀가루를 제조하고 빵을 굽는 이들도 있었기에 떡집이라는 이름이 붙게 되었을 것이고, 추측하건데 여기서 만들어진 빵들은 예루살렘의 손님들에게 배달되었을 것이다.

당시 외부에 전혀 알려지지 않은 작은 고을이었던 나사렛과는 달리 베들레헴은 꽤 알려진 동네였다. 규모가 크지는 않았지만 라헬이 벤저민을 출산하다가 죽은 곳으로 오랫동안 알려져 왔고, 야곱이 부인 라헬을 이곳 근처에 장사 지낸 후, 이를 위해 세운 기념비가 수백 년 간 그곳에 남아 있었다. 또 룻기의 배경이 되는 곳으로, 룻의 증손자 다윗이라는 목동 소년이 나중에 사무엘 선지자의 기름부음을 받아 이스라엘의 왕이 되었다. 왕이 되기 이전의 소년 다윗은 돌팔매 하나로 장수 골리앗을 넘어뜨린 바 있다. 사실 베들레헴은 (예루살렘과 함께) '다윗 성'이라는 이름이 붙여질 정도로 다윗 왕과 깊은 관련이 있다. 다윗 시대가 지난 수백 년 후 미가 선지자는 장차 새로운 임금이 베들레헴에서 나오게 될 날을 예언했다. "베들레헴 에브라다야 너는 유다 족속 중에 작을지라도 이스라엘을 다스릴 자가 네게서 내게로 나올 것이라 그의 근본은 상고에, 영원에 있느니라" (미 5:2; 참고. 마 2:6). 이 말씀은 장차 다윗과 같은 또 다른 임금이 하나님의 백성을 다스리고, 이 임금이 하나님 백성들의 목자가 될 날이 올 것임을 미리 알려 주고 있다.

베들레헴에서 자라난 요셉은 미가 선지자의 이 말씀을 알고 있었을 것이다. 베들레헴의 어린 소년들은 자신들이 골리앗을 넘어뜨리는 다윗이나 블레셋 사람들을 물리치는 다윗, 혹은 이스라엘의 임금 다윗이 되는 꿈을 꾸며, 또한 언젠가는 자기들 가운데 메시아가 오실 것이라고 배우며 자랐을 것이다. 그러나 베들레헴은 요셉 때까지만 해도 예루살렘 부유층들의 요구를 채워 주기 위해 일하는 가난한 노동자들이 사는 곳이었음을 염두에 두어야 한다. 다시 한 번 우리는 이 이야기를 통해 잘 알려지지도 않고 그저 겸손히 자신들의 삶을 열심히 살아가는 사람들을 선택하시고 사용하시는 하나님의 성품을 깨닫게 된다.

목수 요셉

　　우리가 요셉 이야기를 생각할 때 가장 돋보이는 것은 그의 겸손한 성품이다. 신약성경에서 요셉은 단 한 마디도 하지 않는다. 단순히 그 이름만이 성경 몇 군데서 언급될 뿐이다. 우리가 요셉에 대해 마지막으로 듣게 되는 시점은 예수님이 열두 살 때이며, 그때도 예수의 아버지로서 언급되는 정도이지 그 당시 실제로 요셉이 생존해 있었는지조차도 알 수 없다.

　요셉에 대해 아는 바가 이렇게 적다 보니 2세기 초에 이르러 그리스도인들이 그에 대한 전통을 만들어 내기 시작했고, 이 전통들은 확실치는 않지만 아마도 역사적으로 정확하다고 생각된다. 그 중 한 전통에 따르면, 마리아와 결혼할 당시 요셉은 나이 93세의 홀아비였는데 111세 되는 해에 세상을 떠났고, 이때 예수님의 나이는 18세였다고 한다. 이 얘기는 마리아를 집으로 맞아들여 자신을 돌보게 한 사람이 노인남자였다는 주장에서 나온 것이며, 그 노인은 마리아의 남편이라기보다는 할아버지에 가까웠기에 마리아는 결국 혼인을 이루지 못하고 평생을 처녀로 살게 되었다는 것이다. 만일 이 이야기가 사실이라면 마태복음서 13장 55, 56절과 다른 곳에서 언급되는 예수의 형제자매들은 당시 이미 세상을 떠난 요셉의 전 부인 자녀들이었을 것이라는 설명이 가능하다. (마리아의 동정녀 성을 중시하는 천주교인들은 또 복음서에 나오는 형제자매들이 예수님의 사촌들이거나 친척의 형제들일 수도 있다고 본다.)

요셉이 나이 많은 노인이었다는 주장은 정교회와 천주교 전통의 많은 미술품에서도 나타나는데, 이때 요셉은 종종 나이가 많은 노인으로 그려져 있다. 그러나 요셉에 대한 이런 2세기의 전통을 수용하지 않는 개신교도들은 요셉이 당시 보통 14, 15세의 결혼 적령기 청년이었을 것이라고 생각한다. (그렇다면 하나의 여담으로, 우리가 보통 크리스마스 장식품 세트로 사용하는 마구간 아기 예수 가족 조각품에서 요셉이 젊은 청년으로 되어 있는지, 아니면 노인으로 되어 있는지를 확인할 필요가 있다. 만일 요셉이 노인으로 되어 있으면 그 작품은 분명 천주교인이나 동방정교회 성도의 손으로 만들어졌을 것이다.)

우리는 예수님이 목수의 아들이었다는 마태복음서 13장 55절의 기록으로 보아 요셉이 목수였다는 것을 알 수 있다. 신약성경에서 목수를 표현하는 희랍어 단어는 '테크톤'(tekton)이며, 이는 목세공이나 장인(匠人), 채석공 등을 뜻하며 건축가를 뜻하는 영어 단어

'아키텍트'(architect)와 관련이 있다. 영어 단어의 아키(arch)라는 말은 '크다'는 뜻(대, 大)을 지니며, 마치 대천사(archangel)를 부를 때와 마찬가지로 아키테크톤(arch-techton)은 대목수(大木手)를 뜻한다. 그러나 요셉은 대목수가 아니었고 그냥 목수요 대건축가가 아닌 그냥 평범한 목세공이었다. 이스라엘에서는 나무로 집을 짓는 경우가 흔하지 않으며, 요셉 당시 대부분 집들은 돌로 지었고, 문과 지붕은 요셉과 같은 목수들의 손으로 만들어졌다. 농촌에서는 목수의 역할이 중요하니 요셉도 농기구들을 만들고 수리했을 것이며, 이런 목수 일들은 수백 년이 지나도 크게 바뀌지 않으니 요셉도 오늘날 기계식 공구들이 등장하기 전까지 목수들이 사용한 도구들을 썼을 것이다.

예수님의 육의 아버지 요셉을 생각하면서 나는 요셉로슨 증조할아버지를 생각해 본다. 증조할아버지는 내가 어릴 때 세상을 떠나셨지만, 나는 아직도 그분이 나의 할아버지 댁 거실에 앉아 계신 모습이 눈에 선하다. 증조할아버지는 거인처럼 키가 크고 손도 큰 목수이셨다. 나의 아버지는 증조할아버지가 말씀이 적고 늘 정직한 성품에 인내심이 많고 일에 관해서는 포기할 줄 모르며 당신이 버신 돈의 씀씀이에 늘 신중하셨다고 하신다. 정말이지 세상의 소금과 같은 분으로 늘 땀 흘려 열심히 일하셨는데, 나는 이런 이유로 예수님 아버지 요셉을 생각할 때마다 나의 증조부를 생각하게 된다.

몇 년 전 나는 요셉에 관한 설교를 준비하다가 공사판에서 몇몇 목수들을 인터뷰한 적이 있었다. 목수로 살아가는 그들에게 요셉이 어떤 사람이었을 것 같은지, 하나님은 하필 왜 요셉을 예수님의 육의 아버지가 되도록 선택하셨다고 생각하는지를 물었다. 저들의 대답은 아주 감동적이었다. 하나같이 대답하기를, 목수 요셉은 열심히 일하고 자기가 한 일에 대해 자부심을 갖고, 밖에서 일하든 집에서 일하든 무엇이든 처음부터 올바로 해야 한다고 믿은 사람이었을 것이라고 했다. 아들을 둔 아버지들은 아버지 요셉이 아들 예수에게 목공일을 가르쳐 주는 모습을 쉽게 마음에 그려 볼 수 있을 것이다.

자신의 일에 자부심을 가진 사람, 장인(匠人)으로서 평범하고 열심히 일하며 정직한 사람, 이런 것들이 목수 요셉을 생각할 때 내 안에 떠오르는 모습이다.

약혼녀의 임신을
알게 된 요셉

우리가 마태복음서에서 요셉을 만나는 시점은 요셉이 약혼녀의 임신 소식을 알게 된 바로 직후이다. 앞 장에서 언급한 대로, 마리아와 요셉은 법적효력을 갖는 의식을 통해 약혼한 사이였다. 다시 말하면, 두 사람은 결혼식만 올리지 않았지 법적으로 부부인 셈이며, 이제 결혼식을 올리고 신혼여행과 신랑 집으로 이사 가는 일만 남았는데, 이런 일들은 주로 약혼 후 1년이 지나야 이뤄졌다. 요셉은 바로 이런 중간 기간에 마리아의 임신 소식을 알게 되었다. 마태는 "마리아가 요셉과 약혼하고 동거하기 전에 성령으로 잉태된 것이 나타났더니, 그의 남편 요셉은 의로운 사람이라 그를 드러내지 아니하고 가만히 끊고자 하여."라고 기록한다(마 1:18, 19). 이 구절에는 언급되지 않은 정보가 많은데 이제 그것을 찾아보려고 한다.

요셉은 마리아를 통해 들은 천사와 동정녀 임신 이야기를 믿을 수 없었을 것이다. 만일 요셉이 그 이야기들을 믿었다면 약혼을 가만히 끊고자 했을 리가 없지 않은가. 유일한 논리적 설명은 마리아가 자신에게 정절을 지키지 못했다는 것이다. 마리아가 정절을 지키지 못한 것을 알게 된 요셉이 무슨 생각을 했을지는 우리가 쉽게 짐작해 볼 수 있다.

요셉은 당연히 이 소식으로 절망했을 것이다. 마리아가 어떻게 이런 일을 저질렀을까? 요셉은 마리아와 다른 남자에게 크게 배신당했고 굴욕감과 수치심을 느꼈을 것이다. 마리아가 어떻게 해서 아이를 갖게 되었는지 요셉에게 해명하려 했을 때 요셉은 오히려 마음이 아프다 못해 큰 분노를 표했을 거라고 나는 생각한다. 요셉은 마리아의 이야기를 듣고 세상 전체가 뒤흔들리는 것을 느끼고, 마리아를 더 이상 믿을 수 없다고 생각한 나머지 홧김에 간음한 여인은 돌로 쳐 죽일 수 있다는 율법의 가르침을 마리아에게 환기시켜 주었을 수도 있다. 또 요셉이 이 사실을 다른 사람들에게 말했더라면 마리아는 죽음의 위험에 처했을 것이다.

앞서 말한 대로 요셉이 마리아에게 임신 소식을 들은 것은 마리아가 스갸라와 엘리사벳 집에 머물고 있을 때였다. 베들레헴은 불과 몇 킬로미터 거리였고 요셉은 마리아를 방문하려고 거기에 온 것이다. 이 소식을 들은 요셉은 속이 상해 그 길로 엘리사벳 집을 박차고 나와 다시는 마리아와 말도 하지 않으려 했을 것이라는 생각이 든다. 나는 이때 요셉은 떠나가고 마리아가 하염없이 눈물만 흘리는 장면을 그려볼 수 있었다.

그런데 요셉은 한 시간 반 거리의 베들레헴을 향해 걷다가 마음 속 가득 하던 분한 감정이 어느 순간 마리아를 향한 염려로 바뀌기 시작했을 것이다. 만일 요셉이 사람들에게 마리아가 다른 남자의 아이를 가졌다고 말하면, 마리아는 돌에 맞아 죽게 될 것이니 마리아의 목숨은 요셉 자신에게 달린 셈이었다. 요셉은 속이 상했다. 그렇지만 마리아가 죽게 할 수는 없었다. 그렇다면 방법은 무엇인가? 요셉은 합법적이고 또 격식에 맞되 사람들에게는 자세한 이유를 알리지 않는 방식으로 약혼을 파기할 수 있는 계획을 세우기 시작했다.

요셉은 자기가 마리아와 약혼을 파기하면 사람들에게 그녀의 임신 사실이 밝혀질 것도 알고 있었다. 사람들은 자연히 요셉이 아이의 아버지이고, 요셉과 마리아 두 사람이 아인카렘에 있을 때 동침했을 것이며, 그 이후에 약혼을 파기했다고 생각할 것이다. 이 경우 수치를 당하는 쪽은 마리아가 아닌 요셉이다. 마리아는 목숨을 건지게 될 테고 가족들에게도 동정을 얻을 것이다. 마리아의 가정은 요셉이 약혼식 때 건넨 결혼지참금을 돌려주지 않아도 되고, 오히려 요셉은 결혼식 때 추가로 제공하기로 합의된 금액마저 지불해야 하는 입장이 된다. 또 요셉은 앞으로 태어날 아이의 양육비를 제공해야 할 것이고, 마리아가 강력히 주장하면 요셉은 그녀를 어쩔 수 없이 아내로 받아들여야 할 것이다.

그럼에도 요셉이 이러한 것들을 기꺼이 감내할 수 있었던 이유는 그가 '의로운 사람'이었기 때문이다. 여기서 우리가 주목해야 할 것은, 요셉의 의로운 면이 그가 율법을 순종하려는 노력에 있지 않다는 사실이다. 물론 요셉은 분명히 율법을 중시했던 사람이고, 그러기에 요셉이 마리아의 부정(不貞)을 확실히 믿고 있었다면 그녀는 돌에 쳐 죽임을 당할 수도 있었을 것이다. 하지만 요셉이 이렇게 의로운 사람이라고 불린 이유는 그가 율법에 순종했거나 정의를 추구했기 때문이 아니다. 마태복음서가 요셉을 의롭다고 한 이유는 요셉이 가진, 불쌍히 여기는 마음과 자비심 때문이었다.

어두운 순간들과의
싸움

우리는 요셉이 마리아의 임신 소식을 알게 된 날 취한 행동에서 중요한 삶의 교훈을 얻을 수 있다. 요셉은 소식을 듣고 베들레헴으로 돌아가면서 아마도 그날이 자신의 일생 중 최악의 날이었다고 생각했을지 모른다. 우리 역시 삶 속에서 그런 경험을 할 수 있다. 그런 기분으로 집으로 돌아가게 되리라고는, 요셉의 입장에서는 예상치도 또 원하지도 않았을 테니 말 그대로 발걸음이 지옥을 향해 가는 느낌이었으리라. 혹시 당신은 살아가면서 이렇게 생애 최악이라는 기분으로 걸어 본 적이 있는가? 혹시 당신의 희망과 꿈이 다 무너지고 이제는 더 이상 살아갈 수 없다고 느껴 본 적이 있는가? 바로 요셉이 그날 그런 기분이었을 것이다.

하지만 우리가 알아야 할 것이 있다. 요셉이 생애 최악이라고 생각하는 그날 그 순간, 하나님은 천지창조 이후로 가장 위대한 일을 이루기 위해 마리아의 몸속에서 일하고 계셨다. 구세주의 탄생을 지휘하고 계셨던 것이다. 게다가 하나님은 이 계획 속에 요셉을 초청하시어 그가 일정한 역할을 하도록 책임을 맡기셨다. 이처럼 엄청난 일이 일어나기 직전이었지만 문제는 요셉이 그 사실을 알지 못했다.

나의 삶 속에서도 하나님은 언제나 고통과 낙심, 골칫거리를 취하시어 그런 일들을 통해 엄청난 일을 하셨는데, 문제는 나중에 시간이 지난 다음에서야 내가 그 사실을 깨닫고 이해할 수 있었다는 것이었다. 살면서 엄청난 낙심의 순간과 도저히 가기 원치 않는 길을 만나게 될 때, 나는 사도 바울의 말대로 "하나님을 사랑하는 자 곧 그의 뜻대로 부르심을 입은 자들에게는 모든 것이 합력하여 선을 이루시도록" 하나님께 모든 것을 맡겨 버린다.

우리의 삶이 어렵고 고통스러울 때 요셉을 생각할 수 있었으면 좋겠다. 모든 일이 한꺼번에 잘못되어 가는 것처럼 보일 때 하나님은 놀라운 일을 하고 계시는데, 문제는 당신과 내가 단순히 그 사실을 보지 못하고 있을 수 있다. 분명 하나님은 우리의 아픔과 낙심, 골칫거리를 택하시고 사용하시어 원대한 일을 행하신다. 만일 요셉이 그날 마리아를 버리고 평생 싱글맘으로 살게 했더라면, 요셉이 얼마나 큰 복을 스스로 저버린 결과가 되었을지, 또 복음의 이야기가 얼마나 지금과 다르게 되었을지 생각해 보라. 이 이야기는 우리가 낙심되는 상황에서 그냥 나 몰라라 떠나는 것에 대해 얼마나 조심해야 하는지를 깨우쳐 준다.

그날 저녁 요셉은 잠자리에 들었고, 잠 속에서 마치 환상과 같은 꿈을 꾸었다. 그는 하나님의 사자인 천사를 보았고, 천사는 말했다. "다윗의 자손 요셉아 네 아내 마리아 데려오기를 무서워하지 말라. 그에게 잉태된 자는 성령으로 된 것이라 아들을 낳으리니 이름을 예수라 하라. 이는 그가 자기 백성을 그들의 죄에서 구원할 자이심이라 하니라"(마 1:20, 21). 요셉이 꾼 꿈의 결과는 참으로 뜻 깊은 것이었다. 다음 날 아침잠에서 깨어난 요셉은 바로 아인카렘으로 돌아가 마리아에게 꿈 이야기를 했다. 그리고 자신은 마리아를 믿고 있으며, 마리아와 결혼하여 태어날 아이를 자기 아들로 키우겠다고 말했다. 마리아와 요셉은 이 일이 있은 직후 결혼식 준비를 하기 위해 나사렛으로 돌아간 것으로 보인다.

오소서 오소서
임마누엘

그러면 이제 마태복음서가 말하는 동정녀 탄생과 요셉에게 그 이야기를 전하는 대목으로 돌아가 보자. "이 모든 일이 된 것은 주께서 선지자로 하신 말씀을 이루려 하심이니, 이르시되 보라 처녀가 잉태하여 아들을 낳을 것이요, 그의 이름은 임마누엘이라 하리라 하셨으니, 이를 번역한즉 하나님이 우리와 함께 계시다 함이라"(마 1:22, 23). 이 구절은 마태가 동정녀 탄생 이야기를 소개하는 대목이다.

마태는 이사야 선지자 말을 인용하고 있는데 당신도 분명히 전에 이 대목을 들은 적이 있을 것이다. 이 이야기는 구세주 탄생 이야기에서 없어서도 안 되고 빼놓을 수도 없는 부분으로, 이사야서 7장 14절에 있고 기원전 735년 전 경에 쓰였다. 여기서 이 구절을 잠시 살펴보는 이유는, 이를 통해 오늘날 우리가 구약이라고 부르는 성경을 초기 그리스도인들이 어떻게 읽었는지를 알 수 있기 때문이다. 어떤 면에서 보면, 앞 장의 동정녀 탄생에서와 같이 이사야서의 이 구절에 대해서도 시간이 지나면서 많은 토론이 있었다.

우리가 우선 생각해야 할 점은 "처녀가 잉태하여 아이를 낳을 것이요."라는 이사야 선지자의 약속은, 아마도 그 이후 700년이 지난 다음에 태어날 어린 아이에 대한 것이라기보다는, 이사야 자신의 아들에 대한 언급일 가능성이 있다는 것이다. 사실 대부분 그리스도인들은 이사야 선지자의 예언활동에 대한 실제 상황에 대해 잘 알지 못하므로, 당신도 지금 직접 성경을 펴서 이사야서 7장 1절부터 16절을 읽어 보라고 권하고 싶다.

동정녀 수태와 아이 출산에 관한 예언을 기록할 당시 이사야 선지자는 예루살렘 성곽 내에서 살고 있었다. 성곽 밖에는 두 군대가 성곽을 포위하고 있었는데, 그 중 하나는 북 왕국 이스라엘의 군대요(당시 예루살렘은 남 왕국 유다의 수도였다), 또 하나는 아람 왕국(오늘날 시리아)의 군대였다. 이때 유다 임금 아하스 왕은 물론 예루살렘 주민들 모두가 공포에 떨고 있었다. 그러나 하나님은 이사야에게 아하스 임금을 위한 희망의 말씀을 주셨는데, 유다가 살게 될 것이며 이스라엘과 아람이 저들 공동의 적 아수르인들에게 망하게 된다는 내용이었다. 하나님은 아하스에게 이 곤경이 물러갈 것이라는 사인을 보냈다.

"그러므로 주께서 친히 징조를 너희에게 주실 것이라. 보라 처녀가 잉태하여 아들을 낳을 것이요 그의 이름을 임마누엘이라 하리라. 그가 악을 버리며 선을 택할 줄 알 때가 되면 엉긴 젖과 꿀을 먹을 것이라. 대저 이 아이가 악을 버리며 선을 택할 줄 알기 전에 네가 미워하는 두 왕의 땅이 황폐하게 되리라." (사 7:14~16)

그런데 여기서 주목할 점은 어떤 성경번역(예 NRSV)의 경우 이사야서 7장 14절에서 잉태하여 아이를 낳을 사람이 '처녀'가 아닌 '젊은 여인'이라고 표현한다는 것이다. 원문에 사용된 히브리어 단어 번역이 처녀나 젊은 여인 어느 쪽으로도 가능하기 때문이다. 어떤 성경 번역판이 젊은 여인이라는 단어를 사용하는 이유는 그 여인이 바로 이사야 선지자의 아내였거나 약혼녀였을 거라고 판단했기 때문이다. 이사야서 8장을 보면 이사야가 자기 아내와 동침하고 잉태하여 아들을 낳게 되는데, 그 아이가 13세가 되기 이전에 (13세는 아이가 성년이 되어 스스로 잘잘못을 가릴 수 있는 나이다), 이사야의 예언대로 아수르 군대가 아람과 이스라엘을 멸망시킨다. 그리고 임마누엘은 이사야의 아들에게 붙여진 이름이다. 그 이유는 그 아들의 탄생과 삶이 바로 하나님이 자기 백성과 함께하시고 또 그들을 구원하시겠다는 약속의 증표였기 때문이다.

이사야가 태어날 것이라고 예언한 아이는 하나님이 자기 백성에 대해 갖고 계신 관심과 궁극적 보호 약속의 사인이며 가시적인 증거물이다. 하나님은 이 아들을 통해 예루살렘을 버리지 않으셨다는 희망을 사람들이 눈으로 보게 해 주셨다.

그런데 만일 이사야가 예언한 어린 아이가 자신의 아들 혹은 이사야 당시에 태어난 다른 아이였다면 마태는 왜 예수의 잉태와 출생이 이사야서 7장 14절에 언급된 예언의 성취라고 말했을까? 학자들은 마태가 이사야서 7장 14절의 원래 맥락을 이해하지 못했거나, 아니면 의도적으로 위의 구약본문을 들어 본문과는 상관이 없는 사실을 언급했을 거라고 주장한다. 그러나 나는 그리 생각하지 않는다. 마태는 이사야서 본문에 대해 혼돈이나 오역을 한 것이 아니다. 내생각에는, 이사야서 본문을 인용해 마태는 "첫 임마누엘처럼 예수님은 하나님이 보내신 증표다. 이 증표를 통해 당신은 하나님이 당신과 함께 계시며, 하나님이 당신을 결코 저버리지 않으실 것이며, 또 하나님이 당신을 구원할 것임을 알게 될 것이다. 이사야 시대에 일어났던 일이 다시 일어나고 있다!'고 말하고 있다.

예수님은 어떻게 보면 첫 임마누엘이 할 수 없었던, 온 우주를 다스리시는 하나님의 임재와 사랑을 성육신하셨다. 이사야 아들과는 달리, 예수님은 하나님의 아들로 사람의 몸을 입으심으로 보이지 않는 것이 보이게 되었고, 마구간에 태어나심으로 우리가 혼자가 아니라는 것을 알게 되었다. 이 새 임마누엘을 통해 하나님은 인류에게,

우리도 임마누엘의 증표, 즉 세상 속에서 하나님의 임재의 표시로, 희망의 가시적 증표가 되도록 부름 받았다.

우리 삶의 환경이 얼마나 어둡고 우리가 얼마나 두려워하든지, 또 우리 삶과 주변 세상에 무슨 일이 일어나든지 간에, 하나님이 우리와 함께하신다는 것을 확신시켜 주고 있다. 예수님은 하나님이 우리와 함께하심을 보여 주는 하나님의 가시적인 증표인 셈이다.

그러나 임마누엘 예언은 또한 하나님이 예수님을 따르는 사람들에게 무엇을 기대하시는지에 대해 말해 준다. 이사야 아들이 그 세대를 위한 임마누엘, 즉 당시 동시대인들에게 하나님이 함께하신다는 약속의 가시적 징표였다면, 예수님은 그가 탄생하신 이후 보다 심오한 차원에서 모든 세대에게 임마누엘이 되심으로, 하나님이 우리 모두와 함께하신다는 약속의 증표가 되셨다. 그러나 어떤 면에서 보면, 우리 역시도 예수를 따르는 사람들로 세상 속에서 하나님의 임재를 성육신하도록 부름 받았다. 우리도 임마누엘의 증표, 즉 세상 속에서 하나님의 임재의 표시로, 희망의 가시적 증표가 되도록 부름 받았다.

우리는 모두 삶 속에서 어려운 시간을 보내며 이렇게 저렇게 곤경에 처한 이들을 알고 있다. 만일 우리가 그들에게 우리 손길을 통해 하나님의 사랑과 임재를 나타내 보여 주지 않는다면, 하나님이 그들과 함께하신다는 사실과 또 그들이 혼자가 아님을 어떻게 알겠는가? 우리는 우리의 행동으로 그리스도의 사랑을 보여 주도록 부름 받았다. 우리는 '하나님이 함께하심'의 증표로 행동하도록 부름 받았고, 그러기에 그들에게 다가가 "내 말을 들어봐요. 하나님이 당신을 절대로 잊지 않으셨다는 증거로 내가 여기 왔어요."라고 행동으로 말할 수 있어야 한다.

내가 최근 대화를 나눈 한 부부는 근간에 가족 일부가 세상을 떠나고, 직장도 잃고, 또 그 둘 중 한 사람이 중병 진단을 받는 등 연속적인 어려움에 빠져 있었다. 이런 가운데, 설상가상으로 부부의 자동차마저도 두 대가 모두 작동을 하지 않았다. 저들은 그런 난관 가운데서도 저들을 구원해 준 것은 성도들의 심방과 전화격려, 자신들을 위해 교회가 모아 준 구제 헌금 등의 사랑과 도움의 손길이었고, 그것 때문에 큰 도움을 얻고 희망을 갖게 되었다고 내게 말했다. 교회의 이런 성도들은 이 부부에게 임마누엘이었다.

나는 병원에 입원한 성도들을 방문할 때마다 늘 병실에 들어가면서 성도들이 나를 통해서 하나님의 임재를 볼 수 있게 해 달라고 기도한다. "하나님, 나를 통해 이 환자가 하나님이 저들과 함께 계심을 느낄 수 있도록 나를 하나의 육적인 증표가 되게 해 주십시오."라고 기도하는 것이다. 이와 같은 순간에 나는 일종의 임마누엘의 육적인 증표가 되는 기회를 가지며, 하나님은 다른 사람들에게 이런 임마누엘이 되도록 우리 모두를 부르신다.

몇 년 전에 우리 가족은 몇몇 성도들 가정과 함께 차로 미시시피의 세인트루이스만으로 가서 허리케인 카트리나로 재해를 입은 사람들에게 봉사활동을 했다. 우리는 홍수로 잠겨 진흙 뒤범벅이 된 여러 집들을 청소하고 곰팡이가 가득한 벽과 단열재들을 뜯어냈다. 마침 어느 한 집을 청소할 때쯤에는 해가 석양에 머물고 있었는데, 그 집에 살던 사람들이 우리에게 고마움을 표시하기 위해 찾아왔다. 그 집의 안주인은 홍수가 나서 물이 차오르는 순간 다락방에 갇혀 밖에서 밀려오는 물길을 바라볼 때의 상황과 그때 느낀 공포감, 또 모든 재산을 순식간에 송두리째 잃을 때의 아픔을 우리에게 말해 주었다. 그녀가 이야기를 마치자 나는 그녀를 쳐다보며 "우리가 여기에 온 이유 하나를 알려 드립니다. 우리는 하나님이 당신들을 잊지 않으셨다는 것에 대한 보이는 증표가 되기 위해 왔습니다. 하나님이 지금도 당신과 함께하신다는 것을 알려 드리기 위해 그분이 우리를 당신에게 보내신 것 같습니다."라고 말했다.

혹시 당신 주위에 사랑하는 사람을 잃은 사람, 일자리를 잃거나 심한 질병에 걸린 사람, 이혼을 하거나 삶 속에 어두운 길을 걷는 사람을 알고 있는가? 당신은 그런 이들에게 어떻게 하나님의 임재와 사랑의 증표로서 오늘날의 임마누엘이 될 수 있다고 보는가? 어떤 면에서 보면, 예수님은 다른 누구도 할 수 없는 방법으로 하나님의 임재를 눈으로 보게 해 주셨고 몸으로 그걸 세상에 나타내 주셨다.

그렇지만 그를 따르는 우리 역시 주변 사람들을 위해 하나님의 임재를 보여 줄 수 있도록 노력할 수 있다.

요셉,
예수님 지상의 아버지

나는 자녀들이 태어날 때마다 늘 "하나님, 나를 도우시사 내가 하나님의 사랑으로 저들을 사랑할 수 있게 해 주소서."라고 기도했다. 그들의 지상의 아버지로 나 자신의 행함을 통해 내 자녀들이 하늘에 계신 아버지를 보고 알 수 있게 해 달라고 기도했다. 또한 나는 내 말과 행동으로 하나님이 어떤 분인지를 가르치려고 노력했다. 내가 실패한 경우도 많았지만, 적어도 그게 나의 기도요, 바람이었다.

성경에서 분명하게 읽을 수 있는 것은 아니지만, 우리는 예수님의 삶과 가르침을 통해서 요셉이 예수님의 신앙에 얼마나 큰 영향을 주었을지 추측해 볼 수 있다. 예수님은 자신과 하나님 또 자신과 우리와의 관계를 설명하기에 마땅한 비유를 찾으시면서, 하나님을 지칭하는 가장 원초적 언어로 '아바' (*abba*)를 사용하셨는데, 아람어로 아빠를 의미한다. 이 말은 예수님이 소년 시절부터 요셉에게서 일종의 하나님의 사랑과 성품의 모형을 보았다는 뜻처럼 느껴진다.

우리가 예수님의 교훈을 살펴보면 그 증거를 찾을 수 있는데, 그 예가 탕자의 비유이다. 이 이야기에서 예수님은 자기 유업을 탕진한 아들에게는 자비를 보이되 동생을 정죄한 큰 아들을 향해서는 인내심을 보이는 아버지를 하나님으로 비유한다. 우리는 이 비유가 예수님이 친히 경험하신 요셉의 자비와 사랑을 나타낸다고 말할 수 있을까? 아니면 요셉의 마음과 인격, 믿음이 어떤 다른 방식으로 우리가 알고 있는 예수님의 인격과 신앙에 영향을 주었을까?

복음서들을 읽어 보면 예수님이 성인이 되어 공생애를 시작하실 쯤에 요셉은 이미 살아 있지 않았던 것 같다. 앞에서 이미 언급한 대로, 예수님의 공생애 시작 때에 사람들이 요셉 이름을 기억하기는 했지만, 그렇다고 예수님이 열두 살이 지난 이후에 요셉이 예수님과 함께 있었다는 기록은 없다. (참고. 요 6:42; 마 13:55)

헤롯과 요셉 :
인격의 대비

　　예수께서 잉태되실 시점에 요셉이 젊은 청년이었다고 가정할 때, 요셉의 일생 동안 유대 지방은 한 임금이 지배했는데, 그는 헤롯 대왕이었다. 헤롯은 로마의 후원을 받아 기원전 37년에서 기원후 4년까지 33년 간 유대를 다스렸다. 헤롯의 삶에 대한 글은 이미 많이 있어 쉽게 구할 수가 있어서, 나는 베들레헴 주변의 헤롯의 활동과 관련한 몇 가지 사실들을 언급하여 헤롯 왕과 목수 요셉 간에 어떤 대비점이 있는지를 살펴보았다.

　　헤롯은 사람들의 칭송과 존경, 사랑을 간절히 원했던 인물로 보인다. 그가 예언서들에 나와 있는 기준에는 맞지 않았지만 자신이 예언자들이 언급한 구원의 왕으로 보이기를 희망했다. 헤롯은 위대한 유대왕국의 회복을 희망했다. 또한 임금이 됨으로써 따라오는 부귀와 권력을 사랑했고, 사람들로부터 부를 착취하고 권력을 유지하는 데에 능했다. 예수와 요셉과는 달리, 헤롯에게는 섬기는 자의 마음이라곤 존재하지 않았다. 헤롯에게서 위대함은 섬김의 도가 아닌 남들로부터 인정과 존경심을 얻고 편하고 호화스런 삶을 사는 데에 있었다.

그래서 헤롯은 자신의 위대함을 남들(그리고 자신)에게 증명해 보이고 역사 속에 자신의 이름을 새겨 넣기 위해 끊임없이 노력했던 것처럼 보인다. 이런 노력의 일환으로 그는 거대한 건설 사업들을 추진했다. 장엄한 규모로 예루살렘 성전을 재건했는데, 그가 재건축한 예루살렘 성전은 본래 솔로몬이 세운 원형건물보다 훨씬 장엄

했다. 그는 또한 여러 도시들과 항구, 요새와 왕궁을 건설했는데, 이런 군림의 증거가 이스라엘과 팔레스타인 지역 전역의 잔해에 그대로 남아 있다.

헤롯의 건축 사업 중에서 가장 흥미로운 것은 '헤로디움' 이라고 부르는 요새인데, 사람이 쌓은 산으로 헤롯은 자신의 이름을 따서 그렇게 불렀다. 이는 굳이 별명을 붙인다면 '헤롯식 피라미드' 라고 할 수 있는데, 죽은 자들의 무덤으로만 사용된

베들레헴에서 본 헤롯의 거대한 헤로디움

애굽의 피라미드와 달리 헤롯의 피라미드는 그의 겨울철 궁궐과 피신처로 사용되었고 나중에는 그의 무덤이 되었다. 이 산성요새는 121.9미터 정도 높이로 하늘로 우뚝 솟아 있는데, 애굽의 피라미드보다도 15.2미터나 높다. 헤롯은 산성 아래 입구에다 친구들과 즐기기 위해 고급 주택들과 거대한 연못, 수영장을 지었다(여기서 우리가 기억할 점은 이 지역이 사막이라는 사실, 그러니 가서 보는 것만으로도 장관이 아닐 수 없다). 산성을 반쯤 오르면 900명이 앉을 수 있는 극장이 있고 정상에 오르면 '왕에게 어울리는' 궁궐이 있고, 그 안에는 로마식 목욕탕과 중앙의 큰 친교 공간 및 여러 개의 화장실이 있다.

이 헤롯의 궁궐이 요셉과 관련되는 이유는 간단하다. 바로 베들레헴 근처에 있기 때문이다. 베들레헴 어디서도 이 궁궐은 눈에 잘 들어오며, 베들레헴 사람들은 이 궁궐이 건축될 때 그 장관에 놀랐을 것이다. 베들레헴 주민 중 몇몇은 또 이 거대한 헤롯 산성을 짓는 데 강제로 동원되었을 것이다. 따라서 이 건물을 통해 우리는 인격에 관한 대비 연구를 할 수 있다. 앞으로 4장에서 헤롯과 예수를 대조하기 위해 많은 공간을 할애할 테지만, 여기서 나는 헤롯과 요셉 사이의 차이에 크게 충격을 받았다.

헤롯은 대규모의 건축업주이지만, 요셉은 미천한 목수다. 헤롯은 허랑방탕한 삶을 살았고 늘 다른 이들의 인정을 받으려 했지만, 요셉은 단순하고 겸허한 삶을 살며 오직 하나님을 기쁘시게 하기를 원했다.

이 호화판 산상궁궐에서 헤롯 대왕이 자기 왕국의 지극히 작은 일부 베들레헴을 우습게 알고 내려다보고 있을 때, 입에 풀칠도 하기 어려운 그 가난한 동네 베들레헴에 한 겸손한 목수 가정이 살고 있었다. 그러나 영원불멸의 역사적 흔적을 남기기 위해 필사의 노력을 한 헤롯에 비해, 요셉은 그런 열망은 없었지만 사실은 세계를 바꾸어 놓았다. 예수의 지상 아버지로서 요셉이 한 역할은 일차적으로는 예수님의 삶과 사역 및 가르침에 영향을 준 것이다. 또 그런 요셉의 역할은 이차적으로, 예수님의 삶과 사역 및 가르침을 통해 예수님을 따르는 우리 모두에게 큰 영향을 주게 되었다.

헤롯의 사적지 잔해들은 그가 세상을 떠나자마자 그를 이기심과 방탕, 교만함을 위해서 살다가 간 사람으로 증명하는 상징물로 그곳에 서 있다. 그러나 요셉은 어떤 유적도 남기지 않았다. 우리는 그의 입으로 말한 단 한 마디의 기록도 가지고 있지 않다. 요셉의 이야기는 인생이란 결코 인정받고 부와 권력을 누리기 위한 것이 아닌 겸손히 하나님과 다른 이들을 섬기는 것임을 우리에게 깨우쳐 준다. 요셉은 하나님께 삶을 드리고 희생적인 믿음의 삶을 살며 누구에게도 칭찬을 받지도, 기대하지도 않는 사람들의 수호성인이다.

어느 누구도 "은총이 가득하신 요셉님, 기뻐하소서! 주님이 함께 계시니"라고 기도하지 않는다. 신약성경에 그의 이름이 논의된 책도 없고 그에게는 어떤 명예로운 직함도 주어진 적이 없다. 그가 한 말은 성경 어디에도 기록되지 않고 단지 그의 이름이 여기저기 몇 군데 언급될 뿐이다. 그러나 아마도 이것이 바로 우리가 요셉에게서 배워야 할 교훈인 듯하다. 그는 하나님이 하라고 명하신 일을 행한 단순하고 겸손한 사람이었다.

예수님은 자신이 제자들에게 가르친 것을 요셉에게서 배워 왔을 것이다. 마태복음서 6장 1절부터 6절에서 예수님은 "사람에게 보이려고 그들 앞에서 너희 의를 행하지 않도록 주의하라. 그리하지 아니하면 하늘에 계신 너희 아버지께 상을 받지 못하느니라."고 말씀하셨고, 그렇게 하는 이들은 "자기 상을 이미 받았다."고 경고하셨다. 그러니 대신 의로운 행위는 항상 은밀히 하라고 이르시고 그런 사람들에게 "은밀한 중에 보시는 너의 아버지께서 갚으시리라."고 말씀하셨다. 요셉은 어린 예수에게 평소에 모범을 보임으로 예수께서는 나중에 제자들에게 "너희 중에 누구든지 으뜸이 되고자 하는 자는 너희의 종이 되어야 하리라"(참고. 마 20:26, 27)는 말씀을 가르칠 수 있었다.

요셉을 바라볼 때 우리는 하나님이 우리를 겸손한 봉사와 순종의 자리로 부르시는 것을 볼 수 있다. 우리 대부분은 하나님과 이웃을 섬기되 요셉과 같이 욕심 없이 그리고 남의 인정과 칭찬을 받지 않고 하고 싶어 한다. 그러나 또 다른 한편으로 우리는 우리 자신 안에 헤롯과 같은 마음들이 다 있어서 남들이 우리를 알아주지 않으면 낙심하기도 한다. 요셉은 우리에게 상급이나 대가를 바라지 않고 어떻게 섬기며 살 수 있는지에 대한 모델이다. 그리고 그 시점에서 그에게는 한 인간에게 일생에 주어질 수 있는 가장 중요한 임무가 주어졌다. 바로 아이 예수를 잘 양육해서 어떻게 성숙한 사람이 될 수 있는지를 가르치는 일이었다. 그는 남들의 인정과 칭찬 없이 이 일을 해 냈는데, 그 이유는 하나님이 그에게 그의 아들을 돌보라는 소명을 꿈을 통해 주셨기 때문이다.

이제 나는 내가 나 자신을 향해 그동안 수없이 되물은 질문을 당신에게 하고 싶다. 당신은 누가 되고 싶은가? 평생을 남들로부터 인정받고 부와 권력, 재물축적을 위해 애쓰며 자신의 행동을 통해서 하는 말이, "봐라, 내가 여기 있다."고 한 헤롯이 되기를 원하는가? 아니면 하나님의 겸손한 종으로 결코 남의 주목을 구하지 않고 기꺼이 "하나님, 제가 여기 있습니다. 저를 사용하소서."라고 한 요셉이 되기를 원하는가? 하나님은 교만한 자보다는 겸손한 자를 선호하신다. 우리의 삶 속에서 행하시는 하나님의 위대한 사역은 어렵고 힘겨울 수 있으며, 우리는 이 일로 남들로부터 인정과 칭찬을 받지 않을 수도 있다. 그러나 하나님은 나와 당신을 부르셔서 무조건 봉사하게 하시고 하나님의 만족과 영광 이외의 것은 구하지 말라고 요청하고 계신다.

요셉의 꿈

마태에 따르면, 가브리엘이 마리아에게는 직접 나타나 말을 전했지만 요셉에게 주는 메시지는 꿈으로 나타났다고 하는데, 이건 결코 우연이 아니다. 우리는 이 요셉과 창세기에서 무려 13장의 분량을 할애해 소개되는 족장 요셉과의 연관을 볼 수 있다. 하나님은 창세기의 요셉에게 꿈으로 말씀하셨고, 또 유사한 방법으로 목수 요셉에게도 꿈으로 말씀하셨다. 마태는 구약과 예수님 이야기 사이의 이런 병행구들에 관심을 가진다.

혹시 당신에게 하나님이 꿈으로 말씀하신 적이 있는가? 나는 잠잘 때 꾼 꿈들을 잘 기억하지 못한다. 그런데 종종 일종의 공상처럼 보이기도 하고 환상이라고 할 수도 있는 경험을 할 때가 있다. 그런 경험 속에서 나는 종종 하나님이 나에게 원하시는 것을 보게 된다. 이 같은 생각은 어떤 때는 성경을 읽거나 혹은 다른 이의 설교를 들으면서 아니면 소그룹 모임에서나 다른 이들과 나누는 대화에서 떠

오른다. 또 그런 생각은 종종 많은 도움을 필요로 하는 장소를 찾을 때 떠오르기도 한다. 나는 평소 건망증이 있어 이런 생각이 있을 때마다 수첩에 적어 놓는다.

한편 나는 이런 꿈들에 대해 기도하고 묵상하며 그런 꿈들이 단지 나 혼자만의 생각인지, 아니면 하나님이 내 마음속에 넣어 주신 것인지를 테스트해 본다. 그런 생각이 성경과 우리 교회의 목표에 부합하는지를 체크해 보고, 또 그런 생각이 나 개인에 관한 것인지 알아보기 위해 나의 사명과 견주어 보기도 한다. 그러고는 이런 생각을 아내와 부목사님들과 평신도 지도자들 및 가까운 친구들과도 나누고 저들의 의견을 구한다. 이처럼 분별하는 과정을 통해 나는 나 자신의 일시적 감정을 따라 움직이지 않도록 주의한다. 실제로 나는 지난 몇 년 동안 하나님이 주신 꿈이라고 생각되는 중요하고 건설적인 사업들을 시작하게 되었다.

그런데 당신의 꿈은 다른 사람들의 꿈 이야기를 들으면서 나타날 수도 있다. 몇 년 전 우리 교회 직원인 카알라는 마음속에 치매환자와 기억상실증이 있는 노인들을 위해서 특별예배를 꼭 해야 한다는 느낌이 있었다. 그녀는 이웃의 양로원에 가서 이 소식을 광고했고, 그때부터 그 양로원에서는 버스로 사람들을 보내 우리 교회 소예배실에서 예배를 드리게 되었다. 카알라와 그의 팀들은 아주 오래된 찬송과 저들이 잘 알고 있는 신앙고백, 주기도문과 자신들이 누구인지를 기억하는 데 도움이 되는 간략한 메시지로 예배를 짜서 하나님께 드렸다. 최근 유치부 음악반 교사들은 어린이들을 데리고 와 예배 시간에 노래를 하기 시작했다. 서너 살 된 어린이들이 "예수 사랑하심은 거룩하신 말일세. 우리들은 약하나 예수 권세 많도다. 날 사랑하심 … 성경에 써 있네."를 불렀고, 어린이들이 합창을 할 때에 자신들의 이름조차 기억 못하는 노인들이 "날 사랑하심 날 사랑하심 성경에 써 있네."를 함께 따라 부르게 되었다. 이렇게 해서 한 여인의 꿈은 일단의 봉사자들의 꿈이 되었고, 저들이 하나님의 인도라고 믿는 일에 힘을 합쳤다. 그 결과는 말로 표현할 수 없는 열매를 맺게 되었다.

하나님은 요셉에게 꿈으로 말씀하셨다. 그리고 그 꿈은 요셉이 자신의 남은 삶 동안 예수를 양육하고 가르치며 보호하는 일에 전념하게 하였다. 하나님이 내게 주시는 꿈은 밤에 오는 경우가 드물고 오히려 내면 안에서 솟아오르는 일종의 부르심의 느낌 같은 것이다. 당신은 하나님이 당신에게 말씀하시는 것을 듣고 있는가? 만일에 하나님이 말씀하고 계시다면 당신은 순종할 뜻이 있는가? 요셉이 하나님의 꿈을 듣고 그 꿈을 따랐을 때 그의 삶이 완전히 달라졌듯이, 우리도 하나님의 뜻을 듣고 따르면 그것이 우리의 삶을 완전히 바꾸어 놓게 된다는 것을 잊지 말자.

·
·
·

주님, 내가 하나님이 내 삶을 위해 갖고 계신 꿈을

보고 듣게 도와주시고,

그 꿈을 따를 수 있는 용기와 담대함을 허락해 주옵소서.

주님, 말씀해 주옵소서.

당신의 종이 듣고 있습니다. 아멘.

The Journey: A Season of Reflections, Abingdon Press, 2011

마리아의 엘리사벳 방문 도메니코 기를라다요, 171×165, 루브르 박물관

3장 마리아의 엘리사벳 방문

마리아는 위험과 두려움에도 불구하고 '주님을
찬양하며 하나님을 기뻐했다.' 그는 엘리사벳의
도움이 있었고, 또 하나님이 자신 안에서 그리고
자신을 통해서 하나님의 목적을 이루시리라는
것을 스스로 믿었기에 이 일을 할 수 있었다.

시돈

베니게

두로

가이사랴 빌립보

파네아스

아불락

드라고닛

메롬 호수

갈릴리 가버나움

골란고원

비터바마

갈릴리 호수

벳새다

세포리스

이쿠라네티스

나사렛

가이사랴

갈멜 산

다볼 산

데가볼리

그리심 산

사마리아

베뢰아

욥바

여리고

아인카렘 ●

예루살렘

베들레헴

가사

유다

헤로디움

사해

이두매

지 중 해

요 단 강

요 단 강

예수시대의
팔레스타인

N
W   E
S

SCALE OF MILES

0   5   10   15   20   25   30

"이때에 마리아가 일어나 빨리 산골로 가서 유대 한 동네에 이르러 사가랴의 집에 들어가 엘리사벳에게 문안하니, 엘리사벳이 마리아가 문안함을 들으매 아이가 복중에서 뛰노는지라. 엘리사벳이 성령의 충만함을 받아 큰 소리로 불러 이르되 여자 중에 네가 복이 있으며 네 태중의 아이도 복이 있도다. 내 주의 어머니가 내게 나아오니 이 어찌 된 일인가. 보라 네 문안하는 소리가 내 귀에 들릴 때에 아이가 내 복중에서 기쁨으로 뛰놀았도다. 주께서 하신 말씀이 반드시 이루어지리라고 믿은 그 여자에게 복이 있도다." (누가복음 1:39~45)

권고와 위로

이제까지 요셉의 이야기를 살펴보았으니 이제 누가복음서에 나오는 마리아의 이야기로 돌아가 보자. 마리아는 자신이 아이, 즉 오랫동안 고대해 온 메시아를 낳을 것이라는 말을 들은 이후 분명 혼란과 두려움에 휩싸여 있었을 것이다. 그녀의 입장에서 자신이 들은 이야기를 누구에게 말할 수 있었겠는가.

마리아는 사촌인 엘리사벳이 출산 연령이 지났음에도 불구하고 아이를 가진 것 그 자체가 하나의 기적이라던 가브리엘의 말을 기억했을 것이다. 본문 기록을 보면 마리아는 엘리사벳이 누구인지 설명할 필요를 느끼지 않는다. 이는 마리아가 이미 엘리사벳을 잘 알고 있었고 동시에 두 사람이 아주 가까운 사이였음을 알려준다. 엘리사벳은 마리아 손위 사촌이나 아니면 집안의 고모나 이모 혹은 다른 친척쯤 되었던 것 같다. 두 사람이 정확히 어떤 관계였든지 간에, 마리아가 자신의 임신 소식을 듣자마자 '빨리' 엘리사벳을 찾아간 것을 보면 두 사람은 그 이전에도 상당한 교류가 있었던 것으로 보인다.

이렇게 마리아가 자신의 임신 사실을 부모에게 말하기 전에 엘리사벳을 찾아간 이유는 엘리사벳이 자신을 믿고 도와주리라는 희망이 있었기 때문일 것이다. 마리아는 세상에 어떠한 일이 있더라도 엘리사벳이 자기를 이해해 줄 것을 알았다. 엘리사벳을 찾아간 또 하나의 이유는 엘리사벳 집과 약혼자 요셉 집이 서로 근거리에 있었기 때문이다. 전해지는 이야기에 따르면, 엘리사벳과 그 남편 사가랴의 집은 예루살렘 성전 언덕에서 한 시간 정도 걸어가면 닿는 아인카렘에 있었다. 아인카렘은 예레미야서 6장 1절과 느헤미야서 3장 14절에서 벧학게렘으로 언급된다. 마리아가 엘리사벳을 방문하고 세례요한(엘리사벳과 사가랴는 세례요한의 부모다)이 태어난 이 자리에는 여러 교회가 세워져 있는데, 매년 수십만의 순례 객이 찾아와 하나님께 예배를 드리고 기도한다. 이곳에는 또 마리아의 못으로 부르는 연못이 있다.

아인카렘은 마리아의 나사렛 집에서 128.7킬로미터 거리에 있어 걸어서 약 9일을 가야 한다. 마리아가 이 길을 혼자 가지는 않았을 테고 아마도 예루살렘으로 가는 다른 사람들의 행렬에 동참했을 것이다. 마리아는 부모님께 엘리사벳의 임신 소식을 전하고는 가서 임신 기간 동안 그녀를 돕겠다고 하며 나섰을 것이다. 그렇지 않고는 마리아가 이 먼 거리를 걸어서 엘리사벳 집까지 갈 방법이 있었 겠는가. 더욱이 마리아는 엘리사벳이 애기를 낳을 때까지 그녀 집에 서 머물렀다는 것을 봐도 우리는 마리아가 엘리사벳 집을 방문한 이 유가 그녀를 돕기 위해서였음을 알 수 있다. 마리아가 엘리사벳을 보기 위해 세 겹의 산맥을 넘어 9일 길을 자원해 걸어갔다는 사실은 그때 그녀의 심정이 어땠을지 말해 준다. 마리아는 자신을 믿어 주 고 자신에게 일어나고 있는 일을 이해할 수 있도록 도와줄 누군가를 간절히 찾고 있었다.

연장자 엘리사벳

마리아는 어머니가 아닌 사람 중에 어머니 역할을 해 줄 연장자 여성을 찾고 있었고, 엘리사벳을 최적임자로 여겼던 것 같다. 엘리사벳은 연로한 제사장 사가랴와 결혼했는데, 두 사람은 구약의 아브라함과 사라 같은 사람들이었다. 누가에 따르면, 엘리사벳과 사가랴는 수년간 아이를 갖고 싶어 했지만 끝내 이런 생각을 포기할 수밖에 없었다고 한다. 많은 부부들은 친자식이 없을 경우 그들의 조카나 조카딸 등을 친자식처럼 여기곤 한다. 아마도 마리아가 엘리사벳에게 끌린 것도 이런 이유에서였으며, 그때껏 엘리사벳은 마리아에게 어머니와 같은 존재였을 것이다.

그럼 이제는 마리아의 방문을 생각하기 이전에 엘리사벳의 임신과 관련해 자세히 살펴보자. 우리는 엘리사벳과 사가랴에게서 태어난 아이가 예수님보다 6개월 이전에 태어난 세례요한이었음을 알고 있다. 요한은 예수님의 사역의 길을 닦는 데에 중요한 역할을 했다.

엘리사벳이 아이를 갖게 된다는 소식이 사가랴에게 전해진 것은 누가복음서 1장 5절에서 25절에 기록되어 있다. 이 소식은 마리아의 경우와 마찬가지로 하늘 사자에게서 왔고, 이 일은 사가랴가 성전 제사장으로 직무를 수행하고 있던 어느 날에 일어났다. 제사장이 성전에서 봉사하며 하나님께 향기를 봉헌하는 것은 참으로 특별한 일이다. 사가랴가 이를 위해 선택 받아 성전 지성소에서 제물을 드리고 있는데, 하나님의 사자가 옆에 서 계신 것을 보고는 두려움에 사로잡혔다. 그러자 사자는 "사가랴야, 하나님이 너의 기도를 들으셨다. 엘리사벳이 아이를 갖게 될 것이다."라고 말했다. 이쯤에서 나는 사가랴가 "당신이 아시는 대로 그 일이 제게 있기는 좀 늦은 것 같습니다. 저도 늙었고 엘리사벳도 아이를 갖기에는 나이가 너무 많습니다."라고 대답하는 장면을 상상해 본다.

그런데 이때 하나님의 사자가 "네가 내 말을 믿지 못하므로 엘리사벳이 아이를 낳을 때까지 말문이 막히게 될 것이다. 그러나 너는 내가 한 말이 어떻게 이루어지는지를 보게 될 것이니 네 아내가 잉태하여 아들을 낳게 될 것이다. 너는 그 애를 요한이라고 부를 것이니 그가 메시아가 오심을 선포할 것이다."라고 말했다. 사자의 말대로 사가랴는 성전에서 말문이 막혀 나왔고, 얼마 지나지 않아 엘리사벳은 자신이 임신한 사실을 알게 된다.

만일 엘리사벳과 사가랴가 오늘날 아이를 갖지 못해 고생하는 부부들 같은 경우라면 결혼 후 임신을 했지만 여러 번 유산을 경험했을지도 모른다. 나이 든 부부들의 경우 임신 중 유산을 할 가능성이 높으며, 이것이 아마도 엘리사벳이 임신 첫 다섯 달 동안 숨어 지낸 이유인 것 같다. 또다시 남들에게 유산 사실을 알리는 고통에 시달리지 않기 위해 그녀는 임신 초기 몇 달이 지난 다음에야 사람들에게 임신을 공표한 것이다(참고. 눅1:24). 아마도 마리아가 방문하는 바람에 엘리사벳이 그동안 숨어 지내던 삶에서 나오게 된 것 같다. 이런 면에서 보면, 마리아에게 엘리사벳이 필요했지만 엘리사벳 역시 마리아가 절실히 필요했을 것이다.

오늘날 우리가 아인카렘을 방문하면 누가복음서 사건을 기념하는 두 개의 중요한 교회가 그곳에 세워져 있음을 보게 된다. 마리아 방문교회(Church of the Visitation)는 마리아가 엘리사벳을 방문한 전통적인 장소로 지금까지 위에서 논의한 사건들이 일어난 곳이다. 그곳에 있는 또 다른 교회는 세례요한탄생교회(Church of St. John the Baptist)인데, 요한이 태어난 장소로 알려진 동굴 위에 세워져 있다. 이제 누가복음서가 전하는 마리아의 엘리사벳 방문 이야기로 돌아가야겠다.

마리아가
엘리사벳 집에
도착하다

　　　　　9일 간의 어려운 여행길을 거쳐 엘리사벳 집에 도착한 마리아는 "엘리사벳, 저 왔어요, 마리아!" 라고 소리를 질렀다. 누가복음서는 "엘리사벳이 마리아의 문안함을 들으매 아이가 복중에서 뛰놀았고, 엘리사벳이 성령의 충만함을 받아 큰 소리로 '여자 중에 네가 복이 있으며 네 태중의 아이도 복이 있도다.' 라고 외쳤다."고 전한다(참고. 1:41, 42). 엘리사벳의 이 말은 성모기도의 일부분이기 때문에 천주교인들에게 익숙하다. (여기서 중요한 사실을 덧붙이자면, 누가는 여기서 엘리사벳이 성령의 충만함을 받았다고 한다. 구약에서 예언자들과 간혹 왕들이 하나님의 영에 충만함을 받았다고 기록되는 경우가 있음을 볼 때, 여기서 엘리사벳은 구약의 그런 인물들에 합류하여 마리아에게 예언자적 말씀을 전하고 있는 셈이다.)

　　엘리사벳은 계속해서 "내 주의 어머니가 내게 나아오니 이 어찌

된 일인가? 보라 네 문안하는 소리가 내 귀에 들릴 때에 아이가 내 복중에서 기쁨으로 뛰놀았도다. 주께서 하신 말씀이 반드시 이루어지리라고 믿은 그 여자에게 복이 있도다"(1:43~45). 마리아는 기껏해야 임신 몇 주 정도였지만, 뱃속에 생기기 시작한 아이가 누구인지 이미 엘리사벳에게 알려진 셈이다. 엘리사벳은 마리아 몸속에 자라는 아이가 다름 아닌 주님이시라는 것을 알게 된 셈이다. 엘리사벳 자신도 6개월 임신 중이었고 그 몸 안의 아이가 마리아 몸 안의 아이에 대한 의미를 알았기에 마리아의 음성을 듣는 순간 발로 차며 응답하였다. 여기서 세례요한은 그 어미의 뱃속에서 예수님을 오랫동안 고대하던 메시아로 증거한 셈이다.

홍미 있는 일은 복음서들 가운데 예수를 주님으로 부른 첫 번째 인물이 엘리사벳이며, 그녀는 심지어 예수님이 탄생하기 이전에 이 사실을 선포하였다. 이 구절은 나머지 누가복음서 전체, 즉 주님의 탄생과 생애, 가르침과 활동, 죽음 및 부활 이야기의 무대를 설정한다. 누가의 선교 동역자인 사도 바울은 로마인들에게 보낸 서신에서 "네가 만일 네 입으로 예수를 주로 시인하며 또 하나님께서 그를 죽은 자 가운데서 살리신 것을 네 마음에 믿으면 구원을 받으리라"(롬 10:9)고 하면서 "예수는 주님이시다."는 중요한 고백을 했다.

그렇다면 마리아가 엘리사벳 말을 들었을 때 어떤 심정이었을지 생각해 보라. 가브리엘이 당황스런 소식을 가지고 마리아에게 나타난 지 열흘 정도가 지났다. 또 마리아는 그 비밀을 가슴에 품고 어떻게 이런 일들이 가능한지를 생각하며 불안해하고 두려움 속에 지난 9일 동안을 걸어왔다. 그런데 마리아가 이 모든 일에 대해 말을 꺼내기도 전에 엘리사벳이 마리아의 비밀을 알고 있다는 것과 마리아를 대신해 기쁨이 가득함을 보여 준 것이다. 본질적으로 엘리사벳은 "애야, 듣거라. 너는 걱정할 필요가 없어. 너는 복을 받았어. 복을 받았다고! 알고나 있니? 네가 메시아의 어머니로 택함을 받았다는 걸. 좋은 일이 일어날 거야! 네가 복을 받았어! 네 몸 속의 아이도 복을 받았어!"라고 한 셈이다. 누가복음서 1장 42절부터 45절에서 엘리사벳은 두 번이나 마리아에게 복을 받았다고 말하고, 같은 구절에서 복중의 아이가 복을 받았다고 설명한다. (우리는 잠시 후에 복을 받는다는 것의 의미에 대해 다시 살펴볼 것이다.)

이러한 엘리사벳의 예언자적 말씀으로 마리아의 두려움은 기쁨으로 바뀌었고 마리아는 입을 열어 하나님을 찬양하기 시작했다. 여기까지 오기까지 우리는 마리아에게서 기쁨보다는 하나님의 뜻에 순종하는 것만 들어 왔다. 그러나 이제 마리아는 자신이 아이를 낳게 된다는 데에, 그리고 더 중요한 것은 그 아이가 메시아가 될 것이라는 데에 기뻐하게 되었다. 마리아는 "내 영혼이 주를 찬양하며 내 마음이 하나님 내 구주를 기뻐한다!"고 기쁨의 노래를 불렀다(눅 1:46, 47). 결국 마리아는 자신이 직면한 일을 새롭게 바라볼 수 있도록 도와줄 사람, 자신의 이야기를 들어주고 믿어 줄 사람, 자신을 격려해 줄 사람이 필요했고, 이 모든 것은 물론 그 이상을 친척인 엘리사벳에게서 찾게 된 셈이다.

축복의 역설

누가복음서(1:42~45)의 짧은 구절에서 엘리사 벳은 마리아와 그 복중의 아이에 대해 "여자 중에 네가 복이 있으며 네 태중의 아이도 복이 있도다. … 주께서 하신 말씀이 반드시 이루어지리라고 믿은 그 여자에게 복이 있도다!"라고 묘사하며 세 번씩이나 '복'이라는 단어를 사용한다. 엘리사벳이 애써 이 점을 부각시킴으로 마리아는 주석가 윌리암 바클리(William Berkeley)가 말한, 소위 '축복의 역설'을 볼 수 있게 되었다. 때때로 우리는 하나님의 축복이 돈과 권력 및 특권 등에 관련된다고 생각한다. 그래서 축복을 종종 편안하고 안락한 삶으로 연결시키며, 축복의 내용으로 우리가 가진 집이나 직장, 건강 혹은 재산을 포함시킨다. 그러나 마리아의 복은 그런 물질적인 복이 아니었고, 그 어떤 경제적 안정이나 육신의 건강에서 비롯된 것도 아니었다. 마리아의 복은 자신이 하나님의 계획 가운데 일부가 되는 것, 즉 하나님의 왕국을 위해 하나님께 쓰임 받는 것에서 오는 복이다. 마리아의 축복은 자신이 메시아를 낳을 수 있도록 하나님께 선택받은 사실에 있었던 것이다. 우리는 이 복을 소유에서 오는 여유나 위안 혹은 행복과 혼돈해서는 안 된다. 마리아는 자신이 미혼모로 아이를 가졌다는 입소문을 듣는 어려움을 맞을 것이다. 요셉에게도 임신 사실을 알려야 할 과제가 있었다. 마리아는 그 이후에도 예수의 어머니로 많은 난관을 맞게 되는데, 헤롯이 아이의 목숨을 노릴 때 애굽으로 피신해야 했으며, 예수가 공생애를 시작할 때 그를 해하려는 사람들을 지켜봐야 했고, 또 마지막으로 예수께서 십자가에 달리실 때 그 옆에 서 있어야 했다. 마리아가 하나님으로부터 복을 받았다는 사실은 결국 이런 어려운 일들을 감수하는 것을 의미했다.

바클리는 그의 누가복음서 주석에서 말한다. "하나님은 어떤 사람의 육신의 안일과 위안 및 이기적인 쾌락을 위해서 그를 택하지 않고, 그 사람으로 하여금 자신의 머리와 가슴과 손의 모든 노력을 동원해서 이루어야 할 과제를 위해 택하신다는 것이 부정할 수 없는 진리다."[3] 여기에 대해서 아브라함이 하나의 좋은 예이다. 하나님은 아브라함에게 "너는 너의 고향과 친척과 아버지의 집을 떠나 내가 네게 보여 줄 땅으로 가라. 내가 너로 큰 민족을 이루고 네게 복을 주어 네 이름을 창대하게 하리니 너는 복이 될지라 … 땅의 모든 족

3) William Barclay, *The Gospel of Luke: The New Daily Study Bible*(Westminster John Knox, 2001), p.17.

속이 너로 말미암아 복을 얻을 것이라." (참고. 창 12:1~3)고 말씀하지 않으셨는가.

또한 예수께서 복되다고 부르신 사람들을 보라. 누가복음서에서 예수님은 "가난한 자는 복이 있나니 … 지금 주린 자는 복이 있나니 너희가 배부름을 얻을 것임이요. 지금 우는 자는 복이 있나니 너희가 웃을 것이요. 인자로 말미암아 사람들이 너희를 미워하며 멀리하고 욕하고 너희 이름을 악하다 하여 버릴 때에는 너희에게 복이 있도다."(참고. 눅 6:20~22)라고 말씀하셨다. (마태복음서와 달리 누가복음서는 '심령이 가난한 자' 라는 표현을 사용하지 않고 단순히 '가난한 자' 라고 한다.) 또한 "네가 복 되도다 그런데 그것을 아직 볼 수 없다. 하나님이 너의 어려움을 통해 좋은 일이 있게 하실 것이다. 하나님이 너와 함께하실 것이라"고 말씀하셨다.

그러므로 난관에 봉착할 때 우리가 해야 할 일은 "하나님, 당신께서 어떻게든 이 일을 통해서 좋은 일이 있도록 도우실 것이라고 믿습니다. 당신께서 저와 동행하실 것이라고 믿습니다."라고 기도하는 것이다. 예수님은 우리가 마리아처럼 역경을 통과할 때 우리도 이미 복을 받았다는 말씀을 산상수훈 팔복에서 말씀하시는 것 같다. 그 이유는 하나님이 우리와 동행하시고 우리의 역경을 하나님의 목적과 우리의 성화를 위해 사용하기로 이미 약속하셨기 때문이다.

그러므로 여러분이 (인사로 다른 이들에게 복을 빌 때와 같이) "주님, 저를 축복해 주소서."라고 기도할 때 여러분은 진짜 무엇을 위해 기도하는지 신중히 생각해야 한다. 여러분이 구하는 하나님의 복이 도전과 역경을 동반하고 올 수 있기 때문이다. 다시 말하지만, 하나님의 축복은 육신의 평안함과 안일에 관한 복이 아니고 하나님의 역사하심의 일부가 되는 기쁨이며, 특별히 역경 속에서 우리와 함께하는 하나님의 임재를 경험하는 일이다. 이게 축복의 역설이며, 이게 엘리사벳이 미혼의 젊은 임산부 마리아에게 복되다고 했을 때 보게 되는 광경이다.

누가 당신의 마리아?
누가 당신의 엘리사벳인가?

       마리아가 엘리사벳을 방문한 이야기에서 배울 교훈은 아직도 더 있다. 엘리사벳은 마리아에게 연배가 높은 조언자였고 안내자였으며 남을 격려해 주고 지혜가 넘치며 통찰력을 가진 사람이었다. 우리 모두는 삶 속에서 우리를 이해해 주고 안내하며 격려해 주고 인정해 주는 엘리사벳이 필요하다. 같은 이치로, 우리 모두는 젊은 사람에게 엘리사벳이 되어야 한다. 하나님은 우리가 삶 속에서 젊은 사람들을 조언하고 격려하기를 원하신다.

    당신에게 연장자로서 당신을 섬기며 조언해 주는 엘리사벳이 있다면 누구인가? 당신에게 젊은 사람이 있어 당신이 늘 격려해 주고 그에게 투자할 만한 사람, 곧 마리아가 있다면 누구인가?

    내게 있는 여러 엘리사벳 중 한 사람은 밥 라벗슨(Bob Robertson) 목사님이시다. 그분은 내가 신학생 시절 다니던 교회의 담임목사님이셨고, 나는 그 교회 학생부 전도사였다. 밥 목사님은 나를 격려해 주셨고 믿어 주셨으며 조언해 주셨을 뿐 아니라 꾸짖기도 하시고 가르쳐 주기도 하셨다. 신학교를 졸업할 때는 여러 감독들에게 전화해 내가 일할 곳이 있는지 알아봐 주셨다. 내가 교회를 새로 시작할 때는 전화를 걸어 이렇게 말씀하셨다. "모든 일이 잘될 때 다른 목사들과 함께 기뻐하는 일이 쉽지는 않을 걸세. 왜냐하면 우리 목사들은 남이 잘되고 성공하는 얘기를 들으면 마음이 그렇게 편하질 않거든. 그러니 좋은 일이 있을 때는 내게 전화를 하게. 내가 자네의 응원군이 되어 주겠네. 만일 일들이 잘되지 않을 때도 역시 전화를 하게. 내가 자네 말을 경청하고 자네에게 관심을 가져 주겠네. 그리고 늘 자네 편에 서 주겠네."

그 후로도 목사님은 정기적으로 전화를 하셔서 "친구, 어떻게 지내는가? 교회 일은 어떤가?"라고 늘 물으셨다. 교회를 시작한 지 2, 3년이 지나 교회가 처음으로 300명 성도를 돌파한 날 나는 전화를 걸어 "밥 목사님, 믿으실지 모르지만 오늘 300명이 예배를 드렸습니다!"라고 소리를 질렀다. 밥 목사님처럼 그렇게 이해해 주고 기뻐해 줄 다른 사람이 생각나지 않았다. 그때 목사님은 "와! 아담, 참 잘되었네! 나는 자네가 너무나 자랑스럽다네."라며 축하해 주셨다. 일이 잘 안될 때에도 내가 전화를 하면 목사님은 "이보게, 잘될 거야. 하나님이 돕고 계시니 틀림없이 자네는 이 어려움을 잘 이겨 나갈 거야."라고 격려해 주셨다. 목사님은 연배가 높으시니 매사에 나보다 큰 통찰력을 갖고 계셨다.

우리의 관계가 깊어지고 목사님이 연세가 더 드시자 목사님은 종종 내게 전화하셔서 목사님 삶 속의 일들에 대해 말씀해 주셨다. 한번은 목사님이 아주 큰 교회로 파송을 받으시면서 내게 전화를 하셔서 나는 축하를 드리며 함께 기쁨을 나눴다. 그러나 일이 잘 안될 때 그분 역시 내게 전화를 하셨다. 비록 목사님은 나보다 30년이나 연세가 더 높지만 나는 "밥 목사님, 목사님은 아주 훌륭하시며 아주 많은 은사들을 가지고 계십니다. 목사님은 제 인생을 바꾸어 놓으셨고 지금의 제가 될 수 있었던 것은 상당 부분 목사님 때문입니다. 앞으로 다 괜찮아지실 겁니다. 계속 수고하십시오."라고 말씀드렸다.

밥 목사님은 몇 년 전 세상을 떠나셨고, 나는 참으로 그분이 그립다. 그분은 나에게 엘리사벳이었고 조언자, 친구, 후원자, 동역자이셨다. 우리 모두는 삶 속에서 이런 사람들이 필요하며, 우리는 누구나 다른 이들에게 이런 사람이 되어야 한다.

누군가의 엘리사벳이 되어 주는 일의 위력을 생각하면 나는 내가 섬기는 교회의 한 부부를 또한 떠올리게 된다. 이 부부는 음악적 재능이 뛰어난 사람들로 수년간 노래를 했다. 그런데 2004년, 딸이 세상을 떠나면서 그들에게서 노래가 멈췄다. 최근에 그 남편이 이런 글을 썼다. "우리는 수년 전에 이 교회에 왔습니다. 목회자들이 우리에게 자녀를 잃은 다른 부모들의 코치가 되어 줄 수 있느냐고 했습니다. 우리는 그들을 도와주고 그들이 당한 아픔을 이기도록 옆에서 조언해 주었습니다. 신기한 일이 일어났습니다. 우리가 남들을 도우면서 우리도 기쁨을 다시 찾기 시작했습니다. 그리고 6년 만에 처음으로 우리는 다시 노래를 합니다." 저들이 남을 위해 옆에 있어 주고 조언자가 되었을 때 자신들에게도 치유가 일어난 것이다.

이런 면에서 우리 교회의 기둥 중 한 사람인 마티 역시 빼놓을 수 없다. 그녀는 80대 할머니인데 평생을 수백 아니 수천 젊은이들에게 조언자로 봉사해 왔다. 마티는 자신이 가진 지혜와 격려, 성경지식과 하나님에 대한 지식으로 많은 젊은 여성들의 마음을 끌어 모은다. 엘리사벳의 이야기를 묵상하면서 내가 마티에게 젊은이들을 위한 멘토로서 그녀가 하는 역할에 대해 물었더니 이렇게 대답을 했다. "내가 하는 일은 단지 젊은 사람들의 이야기를 잘 듣고 용기를 주는 것입니다. 그들이 내가 충고를 해 주기 원해도 나는 거의 그렇게 하지 않아요. 대개 삶의 이야기를 서로 나누지요. 나는 여태까지 늘 내가 주는 것에 비해 몇 배나 더 받은 적이 대부분입니다. 지금도 한 젊은 여성과 대화를 나누고 있는데, 그녀는 나를 할머니로 대해 주고 나는 그 친분을 아주 귀하게 생각해요. 그 젊은이가 내게 들려주는 삶의 이야기 상당 부분이 내 삶 속에 있었던 일들을 생각나게 해 주니 내가 더 많이 받는 셈이지요."

그렇다. 멘토링의 원리는 이렇다. 조언을 받는 사람이 복을 받는다. 그러나 조언해 주는 사람도 역시 큰 복을 받는다. 조언은 젊은 사람들에게 무엇을 하라고 타이르는 것이 아니다. (이 경우 사람들에게 불쾌감을 줄 수 있다). 조언은 남의 이야기를 듣고 용기를 주며 도움을 청하면 통찰력과 아이디어를 주는 일이며, 우리는 이런

> 멘토링의 원리는 이렇다. 조언을 받는 사람이 복을 받는다. 그러나 조언해 주는 사람도 역시 큰 복을 받는다.

예를 엘리사벳을 방문한 마리아에게서 보게 된다. 나는 끊임없이 마티와 같은 사람들에게서 배운 교훈들을 나 자신의 삶 속에 반영시키고 있다. 그러나 나는 나 자신도 내 시간 중 상당 부분을 젊은이들에게 조언하는 일에 헌신해야 한다는 의무감을 느낀다. 그래서 지난 몇 해 동안 시간을 쪼개어 젊은 목회자들을 만나고 조언해 왔다.

내가 섬기는 교회는 이런 아이디어를 교회의 모든 일에 반영하려고 노력한다. 몇 년 전 우리는 교회 부서를 구성하는데, 1/3정도는 55세 이상 성도들을, 또 다른 1/3은 35에서 55세, 나머지 1/3은 35세 이하의 성도들을 선출하도록 결정했다. 55세 이상 되는 성도들은 젊은 세대들에게 지혜와 경험을 넘겨주고, 젊은이들은 일종의 역조언식으로 어르신들에게 새로운 아이디어와 신선한 관점들을 제공하니 그룹 전체가 늘 새롭다. 우리는 이렇게 다양한 연령층이 고루 섞이는 것이 교회를 든든하게 해 준다고 믿는다. 그래서 청소년 새신자반과 주일학교, 성가대와 교회 직원 구성 등에서도 같은 식의

조언그룹 모델을 사용한다. 나는 교회 내 젊은 사역자들을 만나 조언할 때도 그들에게서 통찰력들과 관점들을 얻고, 교회의 모든 이들이 이런 과정을 통해서 성숙해진다. 우리 모두는 저마다의 엘리사벳이 필요하고 또 우리 모두는 우리 나름대로의 마리아를 격려하도록 부름 받았다.

마리아 찬가

앞서 언급한 대로 마리아와 엘리사벳이 함께
만나 나눈 기쁨은 엘리사벳의 집터로 알려진 곳에 세워진 아인카렘
의 교회에서 기념되고 있다. 이 마리아방문교회는 그곳 고대 우물터
위에 세워져 있는데 전설에 따르면, 여기서 두 여인이 함께 물을 길
었다고 한다. 그 외곽에는 마리아와 엘리사벳이 서로 인사를 하는
동상조각품이 있고, 그 주변 벽 위에는 마리아 찬가가 전 세계 십여
개 나라 언어로 기록되어 있다.

나는 그곳에 한동안 서서 관광버스 대열을 지켜보며 많은 여성들
이 그 성지를 찾는 모습을 보았다. 거기서 많은 아프리카 여성들이
서로를 껴안고, 또 유럽과 남미의 여성들이 손을 잡고 함께 웃음을
나누며, 종종 마리아와 엘리사벳 동상 옆에 들러 사진을 찍는 것도
보았다. 어떤 여성들은 나를 찾아와 사진기를 건네며 마리아와 엘리
사벳 옆에 서서 사진을 찍어 달라고 부탁했다. 분명한 것은 그들이

마리아와 엘리사벳 이야기와 그들 사이에 나눈 중요한 관계를 마음에 새기고 일종의 기쁨을 나누고 있다는 사실이었다. 내 눈에는 저들이 마치 마리아와 엘리사벳 이야기를 자신들이 서로 갖는 우정과 관련시키고 있는 것처럼 보였다.

마리아를 향한 엘리사벳의 말이 있은 후, 마리아는 하나님께 찬양시를 불러 드렸다. 우리는 그때 마리아가 "내 영혼이 주님을 찬양합니다."라 고 부른 노래를 마리아 찬가(Magnificat)라고 부른다. 이 노래는 마리아 자신이 성장기에 배운 시편에서 나온 것 같으며, 이 시편은 사무엘상 2장의 사무엘 어머니 한나가 부른 노래에서 발견된다. 엘리사벳과 같이 한나도 한동안 아이가 없었으나 하나님이 잉태하도록 복을 주셨고, 그때 한나는 "내 마음이 여호와로 말미암아 즐거워하며 내 뿔이 여호와로 말미암아 높아졌다."고 노래했다. 이제 잠시 멈추고 마리아의 찬양시를 자세히 읽어 보자. 이 노래에서 우리는 하나님의 성품에 대한 중요한 사실을 보게 된다.

마리아가 이르되
"내 영혼이 주를 찬양하며
내 마음이 하나님 내 구주를 기뻐하였음은
그의 여종의 비천함을 돌보셨음이라
보라 이제 후로는 만세에 나를 복이 있다 일컬으리로다

능하신 이가 큰 일을 내게 행하셨으니

그 이름이 거룩하시며

긍휼하심이 두려워하는 자에게

대대로 이르는도다

그의 팔로 힘을 보이사

마음의 생각이 교만한 자들을 흩으셨고

권세 있는 자를 그 위에서 내리치셨으며

비천한 자를 높이셨고

주리는 자를 좋은 것으로 배불리셨으며

부자는 빈손으로 보내셨도다

그 종 이스라엘을 도우사

긍휼히 여기시고 기억하시되

우리 조상에게 말씀하신 것과 같이

아브라함과 그 자손에게 영원히 하시리로다 하니라."(눅 1:46~55)

이 노래의 주제는 마리아 이야기와 요셉 이야기에서 우리가 이미 살펴보았다. 마리아는 지도에 점으로도 표시할 수 없는 작은 동네 출신이었다. 요셉은 전 재산이라곤 공구상자 하나뿐인 목수였다. 저들은 하루하루를 겨우 연명하며 살아가는 노동자 가족들이었다. 그러나 하나님은 저들을 택하시어 메시아의 지상 부모가 되게 하셨다. 이 사실이 우리에게 하나님의 성품에 대해 주는 교훈은 무엇인가? 답은 마리아의 마음에서 솟아 나왔다. 마리아는 자신이 느끼고 경험한 사실을 자신의 음성으로 단순하게 이렇게 표시했다. "하나님은 겸손한 자와 하나님을 두려워하는 자를 선호하시고 저들을 향해 자비를 베푸신다. 그러나 이 하나님은 교만한 자를 흩으시고 높은 자를 그 왕좌에서 끌어내리신다."

이는 복음서에서 종종 발견되는 운명의 역전으로 복음서의 가르침에 따르면, 자신을 높이는 이들은 낮아지고 자신을 낮추는 이들은 높아진다는 뜻이다. 우리는 이 말씀을 예수님의 가르침에서 보게 된다. 예수님은 "나중 된 자로서 먼저 되고 먼저 된 자로서 나중 되리라." "너희 중에 누구든지 크고자 하는 자는 너희를 섬기는 자가 되라." "네가 누구에게나 혼인 잔치에 청함을 받았을 때에 높은 자리에 앉지 말라 그렇지 않으면 너보다 더 높은 사람이 청함을 받은 경우에 너와 그를 청한 자가 와서 너더러 이 사람에게 자리를 내주라 하리라." "주 앞에서 낮추라 그리하면 주께서 너희를 높이시리라." 고 말씀하셨다. (마 20:16, 26; 눅 14:8~11; 약 4:10)

마리아 찬가에서 우리가 보는 하나님의 이미지는 약자를 생각하고 어려운 여건 속에 처해 있어 스스로를 하찮게 여기는 사람들에게 관심을 기울이시는 분이다. 이런 사람들을 하나님은 높이 세워 주신다. 이것이 성서에 선포된 하나님의 성품이며, 그게 또한 하나님의 아들 예수님의 성품이다. 그런데 성도들 대부분이 중산층이나 중상

류층인 교회 담임목사로 일하는 내게 좀 거슬리는 구절 하나가 마리아의 노랫말 중에 있다. "주리는 자를 좋은 것으로 배불리셨으며 부자는 빈손으로 보내셨도다." 나는 이 구절의 앞부분은 아주 좋아한다. 가난한 자의 배를 부르게 하시는 하나님! 나는 하나님이 꼭 그런 분이라고 믿는다. 그런데 이 구절 뒷부분이 나를 괴롭게 한다. 하나님은 부자를 빈손으로 보내신다는 그 말씀. 그러나 사실을 직시하자. 전 세계 대부분 사람들에 비해 이 책을 읽는 독자들 중 많은 이들은 상대적으로 '부유한' 사람들이다. 나도 그 중 한 사람이다. 나는 그러기에 빈손으로 보내어지는 것을 원치 않는다.

그렇다면 마리아의 노래가 '부자들' 에게 주는 말씀은 무엇인가? 나는 마리아의 말을 일종의 초청의 언어로 본다. 이는 우리가 하나님 앞에 자신을 낮추고 하나님 앞에 쓰임 받아 그 구절 앞부분을 이루도록, 즉 가난한 자들이 배불리 먹고 가게 도우라는 하나님의 초청의 말씀이다. 나는 내가 가진 것들과 지금까지 받은 축복을 남들과 나누도록 부름 받은 셈이다. 다른 이들을 축복하고 격려하며 높이 세워 주려는 우리의 노력 속에, 저들은 배불리 먹여 보내고 우리는 진정한 축복의 의미가 무엇인지 깨닫게 된다.

한편 예수님은 최후 심판의 비유를 말씀하시면서 마지막 날에 온 나라들이 주님 앞에 서서 심판받을 것이라고 경고하신다. 주님은 다른 이들을 돕기 위해 아무것도 하지 않은 이들에게 말할 것이다. "내가 배가 고팠고 목이 말랐으며 헐벗고 몸이 아팠다. 내가 감옥에 있었고 나그네로 있었다. 그러나 너는 나에게 등을 돌렸다. 그러므로 나도 너를 알지 못한다." 주님은 그런 사람들을 빈손으로 돌려보내신다. 그러나 그때 다른 부류의 사람들에게는 "내가 배가 고팠고 목이 말랐으며 헐벗고 몸이 아팠다. 내가 감옥에 있었고 나그네로 있었다. 그런데 너는 나를 환영해 주었고 사랑하고 돌봐 주었다. 나와 함께 쉬자. 나의 종아, 수고했다."고 말할 것이다.(참고. 마 25:31~46)

실로 마리아 찬가는 하나님의 성품과 하나님이 그의 백성의 삶속에 무엇을 요구하시는지에 대한 중요한 면을 우리에게 환기시켜 준다. 하나님은 다른 사람들이 설정한 환경으로 자신들을 작게 느끼는 사람들과 아무것도 가진 것이 없는 사람들을 돌보아 주신다. 하나님은 사람들을 사용하시어 가난한 자들을 배불려 보내신다. 또 하나님은 세상의 눈으로 볼 때 성공한 자들을 불러, 겸손하게 하시고, 다른 사람들을 높이게 하시며, 어려움 속에 있는 이들을 축복하고 돕게 하신다.

얼마나?

성탄절이 가까워지면서 우리가 선물을 사려고 할 때 우리 대부분이 한 번씩 묻는 질문은 "모든 것을 다 갖고 있고, 원하는 건 무엇이나 살 수 있는 사람들을 위해 우리가 선물로 살 수 있는 게 무엇인가?" 이다. 우리는 또 우리 애들을 위해 돈을 얼마까지 써야 하는지, 애들을 위해 같은 수량의 선물을 샀는지, 애 한 명당 같은 액수를 썼는지, 등과 같은 질문을 한다. 그리고 많은 사람들이 성탄절 시즌에 아무것도 필요한 것이 없는 사람들을 위해 선물을 사는 데 집중한다. 그리고는 예수님 생신을 축하해야 할 성탄절 날 아침에 선물을 주고 또 열기 위해 법석을 떨다가 우리 아이들이 일종의 선물 불감증을 갖게 해 주고 만다. 우리 부부의 경우, 아이들을 키우던 여러 해 동안 우리가 또다시 아이들에게 지나친 선물공세를 하고 진정한 크리스마스 의미가 무엇인지를 가르쳐 주지 못했다는 죄책감을 가지고 크리스마스 날을 마감하곤 했다. 그러면서 내년에는 '더 잘하겠다.' 고 다짐하지만, 또다시 그 다음 해에도 아이들에게 우리가 그들을 사랑하는 표시로 무엇인가를 더 사 주고 또 사 주어야 한다고 생각하곤 했다.

몇 년 동안 우리 가정과 내가 섬기는 교회는 이런 연례의식을 바꾸기 위해 노력했다. 우리는 크리스마스 때 가족들을 위해 쓸 돈 가운데 일부를 어려움에 처한 사람들과 나누기 위해 계획을 세우기 시작했다. 다른 사람들을 위한 선물을 선택하고 그 선물들이 누구에게 전달될지를 결정하는 과정에 아이들을 포함시켰다. 또 크리스마스 때 우리 가족들을 위해 쓸 돈의 액수와 같거나 더 많은 액수를 도움이 필요한 사람들에게 줄 계획도 세웠다.

우리 교회는 몇 년 전 크리스마스이브 촛불예배 헌금을 전액 가난한 어린이들을 돕는 외부 복지프로그램에 전달하기로 결정했다. 우리는 크리스마스의 참 정신을 깨닫고 넉넉히 헌금하도록 성도들을 권면하여 두 가지 구제 사업에 재정지원을 하는데, 그 중 하나는 주로 개발도상국가로 보내고 나머지 하나는 우리 교회에서 가까운 캔자스 시내에 보낸다. 최근에는 헌금의 절반을 아프리카 말라위에 보내 극빈 지역 주민들을 위한 학교와 교회 건축, 우물과 동네텃밭 공사에 쓰도록 했다. 크리스마스이브 예배 시간에 우리는 최근 말라위를 방문해서 찍어 온 아이들 사진과 비디오를 보여 주어 그날 성도들이 드리는 헌금으로 혜택을 받을 대상이 누구인지를 볼 수 있게 해 줬다. 크리스마스이브 헌금의 나머지 절반은 시내 여러 학교의 저소득층 가정의 자녀들을 위한 프로그램에 사용되었다. 우리는 그들을 위해 놀이터와 양호실을 설치하였고, 책과 겨울옷 장갑 등을 공급했으며, 공부하는 데 도움이 필요한 아이들을 위해 방과 후 수업 프로그램을 운영하도록 교사진을 지원했다.

매년 우리는 성도들이 돈만이 아니라 시간도 드리도록 초청을 하여 말라위에 선교봉사 여행을 함께 가고 또 캔자스 시내의 학교에서 건축공사나 방과 후 수업 교사로 봉사하게 한다. 이런 일들은 참으로 신나는 일이다. 성탄절이브에 참석하는 방문객들도 이런 선교에 마음이 끌리게 되고, 이런 일들을 통해서 우리 교회의 마음이 담긴 어떤 것을 배우게 된다. 결과적으로, 우리 교회의 크리스마스이브 헌금은 두 배 이상으로 늘어났다.

몇 년 전에 한 남자가 크리스마스이브 예배 후에 나를 찾아왔다. "나는 무신론자입니다. 친구 초청으로 오늘 예배에 나왔는데 예배에 참 감동을 받았습니다. 음악과 설교, 촛불 등 모든 것이 저에게 영적감화를 주었습니다. 그러나 진짜 저를 감동시킨 것은 헌금 전액을 남을 위해 사용한다는 것이었습니다. 다시 오겠습니다." 그런데 나는 매년 이런 이야기를 듣는다.[4]

하나님은 가난한 자와 겸손한 자, 다른 사람들이 소홀히 한 자들에게 특별한 관심을 가지신다. 우리가 진정으로 크리스마스를 축하하고 마리아 찬가의 관대한 정신을 존중한다면, 우리는 어떻게든 하나님이 우리를 사용해서 '배고픈 자들을 배불려 보낼 수 있는 방법을 찾아내야만 한다.

---

4) 만일 여러분이 여러분 교회에서 이런 종류의 크리스마스헌금을 시도하기 원하면, 이 책을 위해 올린 웹페이지를 방문해 보기 바란다. www.JourneyThisChristmas.com 이 웹사이트에는 어떻게 교회들과 다른 그룹들이 크리스마스 잔치를 할 수 있을지를 포함해 이 책과 관련한 다양한 자료들이 있다.

마리아는 어떻게 기쁨을 얻었는가?

9일 혹은 10일 동안, 마리아는 자신의 가슴 속에 가장 믿기 어려운 비밀, 즉 자신이 임신한 사실과 그 아이가 장차 이스라엘의 구원자요 오랫동안 고대해 온 메시아적 임금이 될 것이라는 비밀을 가지고 다녔다. 그러나 그녀는 이 소식을 나누기가 두려웠다. 왜냐하면 만일 엉뚱한 사람이 들었다가는 헤롯이 자신을 죽일 수도 있었고, 또는 주변의 가족과 친지들이 자신을 믿어 주지 않는다면 당시 종교 지도자들에게 정죄를 받아 죽임을 당할 수도 있었기 때문이다. 아마도 마리아 자신도 이 소식이 사실임을 믿기가 두려웠을 것이다.

그러나 엘리사벳이 마리아에게 예언하고 그녀가 복 받았다고 선언했을 때, 마리아는 마침내 하나님이 진정 역사하고 계심을 믿을 수 있었다. 메시아를 몸에 지니고 있는 데에서 오는 위험이 있었으나 마리아는 그것을 믿었다. 자신의 희망과 꿈들이 밑바닥에 떨어지는 현실 속에서도 마리아는 그것을 믿었다. 마리아가 충분히 이해하지는 못했음에도 불구하고 하나님은 마리아와 그 아이를 통해서 역사하실 것이다. 이 놀라운 사실을 수용하면서 마리아는 드디어 기쁨의 노래를 불렀다. 당신은 마리아의 노래 첫 마디 속에 담긴 그 울림소리를 들을 수 있는가? '내 영혼이 주를 찬양합니다. 내 마음이 하나님 내 구주를 기뻐합니다!'

행복과 달리 기쁨은 환경과 상관없이 우리에게 올 수 있다. 기쁨은 환경이 달라져서 오는 게 아니고 환경을 믿음의 눈으로 볼 때 온다. 사도들은 공의회에 의해 매질을 당한 후에도 기뻐했다. 왜냐하면 예수의 이름을 위해서라면 저들은 고난을 당하는 것도 값진 일로 여겼기 때문이다. 바울은 로마의 감옥에 앉아 자신의 믿음 때문에 죽게 될 것이라는 소식을 기다리고 있으면서도 그의 유명한 '기쁨의 서신'인 빌립보서를 썼다. 이 서신에서 바울은 "항상 주를 기뻐하라!"고 말했다. 믿음으로 고난당하던 데살로니가 성도들에게도 "항상 기뻐하라."고 하면서, 그 다음에 이런 일이 어떻게 가능한지를 말하는데, 이는 "쉬지 말고 기도하고 범사에 감사"하는 것이라고 했다.

작년에 나는 아프리카 말라위에서 시골 동네들을 방문하며 그 지역 교회들과 협력하여 우물을 파고 학교와 교회 건물들을 짓는 일을 알아보았다. 그 중 한 동리의 경우 한 사람의 하루 임금이 55센트(우리나라 돈으로 610원 가량 - 편집자 주)인 곳이 있었는데, 그 동네 사람들이 우리를 냇가로 데리고 갔다. 그 냇가에는 시퍼런 색깔의 더러운 물이 흐르고 있었고, 사람들은 그 물로 요리를 하고 마시고 몸을 씻는다고 했다. 그들은 우리에게 우물 파는 일을 도와주어 더 이상 그들 자녀들이 그 물을 마셔 몸이 아프지 않게 되었으면 좋겠다고 했다.

우리가 동네를 방문한 후, 그들은 우리를 자기네 교회로 초청했다. 우리가 흙벽돌 교회 건물 안으로 들어서니 대강 엮은 초가지붕 사이로 햇빛이 여기저기 들어왔고 벽 사방에는 창문이 들어갈 구멍이 그대로 남아 있었다. 그때 저들의 예배가 시작되었는데, 저들은 자신들이 처한 환경에도 불구하고 순전한 기쁨이 넘치는 찬송을 불렀다. 그토록 기쁘게 노래할 수 있는 이유는 저들이 하나님을 신뢰하였고, 또 안전한 물을 마실 수 있도록 도와주기 위해 하나님이 우리 일행을 말라위까지 데리고 왔다고 믿었기 때문이다(우리도 그것을 믿었다). 미국에 있는 그리스도인들이 이렇게 넘치는 기쁨으로 노래를 할 수 있다면 얼마나 좋겠는가!

마리아는 위험과 두려움에도 불구하고 '주님을 찬양하며 하나님을 기뻐했다.' 그는 엘리사벳의 도움이 있었고, 또 하나님이 자신 안에서 그리고 자신을 통해서 하나님의 목적을 이루시리라는 것을 스스로 믿었기에 이 일을 할 수 있었다.

기쁨은 우리가 선택하는 것이다. 우리가 믿음의 눈을 통해서 현재 상황들을 볼 때, 하나님이 역사하시고 그분은 결코 우리를 떠나거나 저버리는 분이 아니라는 것을 신뢰하며, 우리는 기쁨을 선택한다. 그런데 이런 일은 하나님이 우리와 함께하심을 확신시켜 주는 또 다른 사람의 도움이 있을 때 종종 발견된다.

주님, 지금 내 삶 속에 허락하신 축복들에 대해 감사를 드립니다.

내가 처한 상황들을 넘어서 볼 수 있게 하시고,

이 상황 속에서 주님이라면 어떻게 하실지

볼 수 있는 눈을 주옵소서.

당신을 신뢰하게 도와주옵소서.

나의 역경을 사용하시어 당신에게 영광이 되게 하옵소서. 아멘.

The Journey: A Season of Reflections, Abingdon Press, 2011

4장 나사렛에서 베들레헴까지

하나님께 기도하라. 하나님이 여러분의 실망스
런 상황을 사용하시어 하나님의 큰 목적을 이
루시도록. 마리아가 베들레헴까지 그렇게 길고
어려운 여정을 계속할 수 있었던 것도 바로 그
러한 소망 때문이었다는 것을 나는 믿는다.

베들레헴의 호적 등록 피터 브뤼겔, 116×164.6, 브리셀 왕립 미술관

시돈

베니게

두로

가이사랴 빌립보

파니아스   미무쓰

훌라다

드라고닛

바타내아

매롬 호수

갈릴리 가버나움

골란고원

갈릴리 호수

벳새다

아우라니티스

세포리스

갈멜 산

나사렛

데가볼리

다볼 산

가이사랴

그리심 산

사마리아

벧뵈라

욥바

여리고

예루살렘

아인카렘

베들레헴

헤로디움   사해

가사

유다

이두매

예수시대의
팔레스타인

SCALE OF MILES

0   5   10   15   20   25   30

"그때에 가이사 아구스도가 영을 내려 천하로 다 호적하라 하였으니 이 호적은 구레뇨가 수리아 총독이 되었을 때에 처음 한 것이라. 모든 사람이 호적하러 각각 고향으로 돌아가매 요셉도 다윗의 집 족속이므로 갈릴리 나사렛 동네에서 유대를 향하여 베들레헴이라 하는 다윗의 동네로 그 약혼한 마리아와 함께 호적하러 올라가니 마리아가 이미 잉태하였더라. 거기 있을 그때에 해산할 날이 차서 첫 아들을 낳아 강보로 싸서 구유에 뉘었으니 이는 여관에 있을 곳이 없음이러라." (누가복음 2:1~7)

서둘러 계획된 결혼

우리가 지금까지 살펴본 것처럼, 요셉이 베들레헴에서 근처에 있는 아인카렘을 방문해 마리아의 임신 사실을 알았을 때는 마리아가 그곳에 있는 엘리사벳과 함께 있었을 때였을 것이다. 우리는 그의 감정이 어떠했을지 상상할 수 있고, 하나님은 우리의 마음이 당황되거나 낙심되고 상할 때에 자주 또 더욱 우리에게 가까이 계셔 역사하신다는 사실을 깨닫게 된다.

요셉이 베들레헴으로 돌아갔을 때 그는 꿈을 꾸었는데, 하나님의 천사가 마리아에게 일어난 일을 확증하고 그녀를 받아들이고 예수를 그의 아들로 키우라고 암시적으로 요청하는 꿈이었다. 요셉은 꿈에서 깨어나 아인카렘으로 돌아가 거기서 마리아를 아내로 데려오는 데에 동의했다. 아마도 요셉은 마리아에게 꿈 얘기를 한 후 곧 그의 가족에게 자신과 마리아가 결혼을 서두르고 있으며 머지않아 나사렛으로 여행을 떠날 계획임을 알렸을 것이다. 이때 요셉은 자신의 부모에게 마리아가 임신한 것을 알렸을까? 사실 여부를 잘 모르지만 설사 그가 그렇게 했다 하더라도 그들이 요셉의 말을 믿었을까? 당신은 만약 당신 아들이나 딸이 천사가 말할 때 그들에게 기적적으로 임신이 이루어졌다고 한다면, 그 말을 믿을 수 있는가? 그 대답은 아마 '아니오.' 일 것이다. (이 대답은 아마 동정녀 탄생의 교리를 믿지 않는 사람들에 대해 우리가 좀 더 인내하게 해 줄 것이다. 결국 의인 요셉도 꿈을 꿀 때까지는 그 사실을 믿지 않았다.)

요셉과 마리아는 나사렛까지 되돌아가는 9일간의 여행을 했다. 그들은 나사렛에서 서둘러 결혼 준비를 했고 곧 결혼식을 올렸다. 하객들과 이웃 사람들, 그리고 나사렛에 사는 사람들이 이 결혼에 대해서 수군거리며 마리아의 임신을 의심하는 것은 충분히 있을 법한 일이었다. 그렇다면 마리아와 요셉은 마리아가 임신하게 된 사정을 설명하려 했을까? 만약 그들이 그렇게 했다면 나사렛 사람들은 그들 말을 믿었을까? 실제로 그 당시 약혼한 한 쌍이 결혼 전에 임신한 사실이 알려지는 일이 전혀 없었던 것은 아니다. 정식으로 약혼했다는 것은 법적으로는 이미 혼인 관계를 의미했다. 그러므로 정식 약혼 후의 임신은 그때까지 약혼 없이 이루어진 임신보다는 문제가 덜 되었다.

우리는 마리아가 결혼식 날 임신 5개월 정도 되었을 것이라고 추측할 수 있다. (그는 엘리사벳 집까지 9일간 여행하고 거기서 3개월을 보낸 후 다시 9일간 여행을 거쳐 돌아온 다음 결혼식 준비를 마무리 짓기 위해 몇 주간을 보냈을 것이다.) 지난 20년간 내가 주례한 3백 건이 넘는 결혼식 중 수십 건은 출산이 임박해 서두른 경우였다. 마리아의 임신은 그 경우가 다르다 하더라도 전통적인 관례를 역행했다는 공통점으로, 이러한 젊은 여성들이 마리아와 특별한 공감대를 느꼈을지도 모른다는 생각이 나는 들었다.

결혼 이후

　　1세기에 결혼했던 신혼부부는 전통적으로 신랑이 아내와 가족을 위해 땅을 사고 집을 지을 수 있을 때까지는 신랑 부모 집에 방을 하나 새로 들여 살림방을 차렸다. 우리는 요셉과 마리아가 정식으로 결혼식을 올린 후에 베들레헴에 거처를 마련했을 것이라고 생각하기 쉽다. 그러나 누가복음서에서 그들이 결혼 후 나사렛에 남았다는 것을 보게 되는데, 이 생각은 그때 마리아가 임신 5개월이었기 때문에 합리적으로 보인다. 결국 약 10일 정도 걸릴 베들레헴까지의 여행은 임신 상태에서 마리아에게 큰 부담이 되었을 것이다. 더 중요한 것은 마리아가 나사렛에 남으면 친정어머니 곁에 있을 수 있을 테고 그가 아는 산파의 도움을 받을 수도 있을 것이기 때문이다. 그리고 실제로 누가복음서는 마리아와 요셉이 마리아 임신 마지막 3개월 동안 나사렛에 살았다는 것을 암시한다. 요셉은 마리아가 출산준비를 위해 나사렛에 머무는 동안 세포리스에서 목수로 일하고 있었을 것이다.

마리아의 부모

신약성경에는 마리아 부모에 관해 어떠한 언급도 없다. 복음서들은 마리아의 친척 엘리사벳과 요한복음서 19장 25절과 마가복음서 15장 40절을 연관 지어 생각해 볼 때 마리아의 자매로 추정되는 살로메만 언급한다. 2세기와 3세기의 그리스도인들은 복음서에서 정보의 공백이 있는 곳을 자세하게 메우기 시작했다. 그러나 이러한 정보 중 일부는 정확하게 맞았지만 많은 부분은 그렇지 못했다.

이러한 공백을 메우는 시도를 한 초기 작품들 중에 야고보 복음서가 있다(이것은 야고보의 원복음서 또는 야고보의 유아기 복음서라고도 부른다.). 이 책은 약 기원후 150년경에 예수의 형제(혹은 예수의 이복형제) 야고보가 썼다고 알려져 있다. 비록 당시 그리스도인들도 그 내용을 의심하기는 했지만 이 책은 기원후 2, 3세기 사람들에게 잘 알려져 있었다. 이 책의 영문판은 온라인에서 읽을 수 있다.

야고보 복음서는 마리아 부모의 이름을 안나(Anna)와 요아킴 (Joachim)이라고 소개하며 시작한다. 그들은 아브라함과 사라 (그리고 엘리사벳과 사가랴)처럼 아이를 낳지 못했던 노부부였다. 그러나 하나님은 그들에게 복을 주셔서 하나님께 바쳐진 아기, 마리아를 기적적으로 갖게 하셨다. 마리아가 세 살이 되자 그들은 마리아를 아예 하나님의 성전에서 살게 하기 위해 데려갔다. 거기서 그녀는 줄곧 제사장들 손에 길러졌고 열두 살 되던 해, 이제는 젊은 여성이 되었기 때문에 계속 그곳에서 살 수는 없었다. (월경이 그녀를 매달 한 번씩 일주일 동안 부정하게 만들었을 뿐만 아니라 젊은 여성이 제사장들과 함께 사는 것은 부적절하다고 여겨졌다.) 마리아는 하나님께 거룩한 사람이었기 때문에 (그래서 2세기 당시 그리스도인들의 사고로는 그녀가 부부관계를 결코 하지 않을 것이기 때문에) 제사장들은 남편감으로 나이 든 홀아비를 찾으려고 하였다. 그들은 제비를 뽑았고 노인 요셉이 선택되었다. 야고보 복음서에 따르면, 요셉은 이미 전처와의 사이에서 난 자녀들이 있었는데, 이것이 복음서에 나오는 예수의 형제들과 자매들에 관해 설명하려는 초기의 시도였다.

이 이야기에 관한 자료들이 더 많이 있지만 그 중 많은 부분은 지어 낸 얘기들이다. 그럼에도 불구하고 이 이야기와 다른 2세기의 글들에서 정보의 일부는 역사적 사실에 근거했을 거라고 본다. 초기 교회는 야고보 복음서가 야고보 사후 오랜 시간이 지난 뒤에 쓰였고 그 안의 많은 부분이 종교적 신화라고 결정했음에도 불구하고, 마리아 부모의 이름인 안나와 요아킴은 수용했다. (또 다른 흥미 있는 글은 400년대 초 어느 때 쓰인 것으로 보이는 '목수 요셉 이야기'다. 야고보복음서의 이야기를 바탕으로 쓴 이 책은 요셉이 마리아 남편으로 선택되었을 때가 90세, 그리고 사망했을 때 나이가 111세였다고 기록한다.)

개신교 신학자들은 마리아와 요셉과 관련해 실제로 어떤 일이 일어났는지를 이해하려는 이러한 책들에 큰 가치를 두지 않는다. 그러나 그들도 2세기, 3세기, 4세기, 그리고 심지어 5세기까지 당시 그리스도인들이 마리아와 요셉 이야기에 대해서 어떤 생각을 갖고 있었는지를 이해하는 데에 이런 자료들이 도움을 준다는 것은 인정한다.

인구조사

마리아가 임신 9개월일 때 로마 군인들이 나사렛에 와서 황제의 인구조사 명령에 따라 모든 유대인 가정은 계수를 위해 남편의 고향으로 돌아가야 한다고 지시했다. 인구조사는 과세가 목적이었기 때문에 로마는 모든 가정들이 그들의 재산 소재지로 돌아가기를 원한 것 같다. 요셉의 재산 즉, 그의 아버지 부동산 중 요셉의 몫과 요셉이 아버지와 공동으로 소유했을 목공소는 베들레헴에 있었다. 요셉의 아내가 된 마리아는 이제 그 가족의 일원이다. 마리아는 요셉과 같이 요셉의 고향인 베들레헴으로 돌아갈 의무가 있었다.

이 이야기를 상세히 설명하는 데에 있어서 누가는 우리에게 몇 가지를 상기시킨다. 첫째, 성지 팔레스타인은 그 당시 로마 제국의 식민지였다는 사실이다. 그 국경 안에 사는 사람들은 자유가 없었다. 그들은 로마가 시키는 대로 했다. 그들 대부분은 로마 시민권이 없었기에 제한된 권리만 있었다. 그들은 강제로 로마인들의 종이 될 수 있었고 로마에 세금을 내야만 했다. 누가는 우리에게 로마의 인구조사를 언급함으로써 어떻게 예수님이 나사렛이 아닌 베들레헴에서 태어나게 되셨는지를 설명한다. 이와 동시에 이들 부부는 임신 9개월의 마리아가 10일 씩이나 되는 먼 여행길을 억지로라도 가지 않으면 일어나게 될 결과에 두려워하는 불쌍한 부부임을 알려 준다.

요셉이 마리아에게 임신 9개월임에도 불구하고 함께 베들레헴까지 10일간의 여행을 해야 한다고 했을 때, 마리아가 어떻게 느꼈을 거라고 생각하는가? 마리아는 베들레헴에 아는 산파가 없었고 또 육체적으로도 무리가 되며 틀림없이 집에서 그렇게 멀리 떨어진 곳에서 출산하는 것에 대한 걱정을 했을 것이다.

마리아는 자신의 임신 사실을 알고 난 직후 엘리사벳 집에 거할 때 '마리아 찬가'의 기도를 드렸다. 그러나 지금 그 기도는 어떻게 되었는가? 나는 울음을 터뜨리고 소리치는 마리아를 그려 본다. "하나님, 어떻게 이러실 수 있습니까? 당신께서 오셔서 저에게 이 아이를 가질 것이라고 말씀하셨을 때 저는 그 말씀을 받아들였습니다. 저는 '주의 여종이 여기 있습니다.'라고 말했습니다. 서둘러서 결혼을 해야 하는 수치도 감수했습니다. 동네에서 사람들 옆을 지날 때는 그들의 따가운 시선과 수군거리는 소리를 참아야 했습니다. 그런데 이제는 나사렛에서 출산도 못하는 것입니까? 당신께서 이마저도 빼앗아 가셨습니까? 왜 이런 일이 일어나는 것입니까? 제가 무슨 큰 잘못을 했습니까? 하나님, 왜입니까? 왜 당신께서는 황제의 마음을 바꾸지 않으셨습니까? 왜 당신께서는 이런 일이 생기지 않게 나를 보호하지 않으셨습니까? 어떻게 이런 일이 일어나게 내버려 두시는 것입니까?"

당신도 하나님을 향해 이렇게 느껴 본 적이 있는가? 당신이 깊은 실의에 빠져 할 수 있는 일이라곤 오직 하나님께 분노의 소리를 지르거나 아니면 울부짖는 것밖에는 다른 방법이 없었던 적이 있는가? 복음서들은 마리아가 이렇게 느꼈다고 말하지 않는다. 아무 말도 하지 않는다. 단지 상상할 뿐이다. 우리 자신이 마리아 입장에 서서 그녀가 느꼈을 감정을 추측해 보는 것이다. 임신 9개월의 호르몬 분비로 가득한 한 젊은 여인은 자기가 어디서 출산하고 누가 그때 자신과 함께 있을 것인가, 등의 결정을 스스로 하기보다는 이 모든 것들을 로마 황제의 명령으로 빼앗기게 된다는 사실을 다시 듣게 되었을 때 어떻게 느낄 것인가?

그럼에도 불구하고 마리아를 가장 슬프게 한 것은 마리아와 요셉이 피치 못하게 베들레헴까지 가서 마구간에서 출산하게 된 사실이다. 그리고 그 황제의 명령으로 이야기는 본래 진행될 방향과 아주 다르게 전개되었다. 여기에는 마리아는 아직 이해할 수 없는 더 깊은 뜻이 있었다. 하나님은 탐욕스러운 황제의 결정을 취하시어 그것

이 하나님의 구원 목적에 이용되도록 역사하셨는데, 이것이 하나님
이 우리 삶 속에서 하시는 일이기도 하다.

베들레헴으로 간
노선은?

요셉과 마리아가 베들레헴에 가기 위해 택할 수 있는 두 가지 가능한 노선이 있다. 우리는 이 장의 첫 페이지 지도에서 두 가지 모두를 볼 수 있다. (세 번째 노선도 있다. 그러나 여기서 설명하는 이 두 가지 노선이 학자들 사이에 큰 가능성으로 언급되고 있다.)

첫 번째 노선은 지도에서 점선으로 표시된 첫 번째 것으로, 마리아와 요셉이 요단강을 건너 동쪽으로 간 다음 남쪽으로 96.5킬로미터를 가서 여리고 근방에서 이른 후 다시 요단강을 거꾸로 건너 서쪽으로 베들레헴까지 가는 것이다. 이 노선은 사마리아인들이 사는 곳을 피해 다녔던 유대인들이 택했던 노선일 것이다. 사마리아인들은 혼합 혈통을 가진 사람들로 믿음은 주로 유대교의 영향을 받았지만 그들만의 구별되는 요소가 있었다. 사마리아 즉 사마리아인들의 땅은 남부 유다와 북부 갈릴리 지방 사이에 위치해 있었다. 많은 유대 사람들은 사마리아인들을 부정하다고 생각하거나 이교도들 또는 그보다 더 좋지 않은 쪽으로 생각했다. 사마리아인들과의 갈등 때문에 어떤 유대인들은 사마리아를 통과하는 여행이 위험할 것이라고 생각했다. 그러므로 정결의 문제 또는 안전 문제로 많은 유대인들이 사마리아를 통과하지 않고 그 길을 둘러서 갔다. 그러나 사마리아를 둘러 가는 이 노선은 마리아와 요셉의 여행길에 32 또는 48킬로미터 혹은 이틀 길 정도를 추가시켰을 것이다.

다수의 목사와 교수, 성경학자들은 요셉과 마리아가 이 첫 번째 노선을 택할 수 있었으리라고 추정한다. 어떤 사람들은 요단강 계곡이 평지라서 요단강을 따라가는 이 노선이 여행하기에도 더 쉬웠을 거라고 주장하는데, 일리 있는 말이다. 그러나 두 노선을 직접 여행해 본 내 생각에는 각 노선 모두 나름대로 난점을 지니고 있다.

두 번째 노선, 즉 지도에 실선으로 표시되어 있고 내가 보기에 가능성 있다고 여기는 이 노선은 보다 직통 노선이다. 이 노선은 나사렛에서 거의 정 남향으로 내려가 이스르엘 계곡을 지나 족장들의 길이라고 알려진 도로를 따라서 그들을 인도했다. 이 노선의 처음부터 절반 정도는 좀 쉬운 길이고 나머지 절반은 언덕과 산들이 있는 길인데, 가는 중간 중간에는 물을 마시고 쉬고 갈 만한 장소들도 있었다. 이 노선은 첫 번째 노선에 비해 가는데 이틀이 적게 걸렸을 것이다.

나는 이 책을 연구하기 위해 베들레헴에 있는 동안 유명한 고고학자 애브너 고렌(Avner Goren)과 함께 커피를 마시면서 마리아와 요셉이 택했을 노선에 대해 토의했다. 그런데 그 역시 주님의 가족이 택했을 노선으로 족장들의 길 쪽에 무게를 두었다.

사마리아를 통과하는 길을 가면서 예수님 가족은 성경의 역사 1600년을 거슬러 올라갔을 것이다.

보다 직통 노선인 이유 외에도 마리아와 요셉이 사마리아의 중심부를 지나 베들레헴에 이르렀을 거라고 생각하는 몇 가지 다른 이유가 있다. 1세기 유대인 역사학자 요세푸스(Josephus)는 많은 유대인들이 예루살렘으로 모이는 유월절 기간 동안에는 사마리아를 통과해 가는 것이 드문 일은 아니었다고 한다. 이러한 그의 주장은 첫 번째 노선을 통해 남쪽으로 갈 경우 많은 순례자들 때문에 빚어지는 교통체증을 피하기 위해 많은 신실한 유대인들이 사마리아를 통과해 갔다는 말이다. 마리아와 요셉을 여행길에 몰아넣은 인구조사는 수천이 아니라면 적어도 수백 명의 다른 갈릴리 거주자들에게도 영향을 끼쳐 남쪽으로 향하는 행렬을 만들었을 것이다.

나는 직접 이 족장들의 길을 따라 여행하면서 많은 감동을 받았다. 사마리아를 통과하는 길을 가면서 예수님 가족은 성경의 역사 1600년을 거슬러 올라갔을 것이다. 팔레스타인 중심인 이 지역에서 하나님은 아브라함에게 나타나시어 그 땅을 그 후손들에게 주시겠다고 약속했으며, 여기에서 야곱은 하늘을 오르락내리락하는 천사들을 보았다. 순례자 마리아와 요셉은 수가 성 근처의 야곱우물을 비롯한 족장 시대 이후 오랫동안 사용된 샘들과 우물들 근처에 매일 밤 야영지를 마련했다.

그리고 그들은 야곱의 아들 요셉의 무덤을 지나갔을 것이다. 우리가 구약에서 기억하는 대로 요셉의 뼈는 애굽에서 옮겨져 이곳에 묻혀 있었다. 그들은 여호수아가 회막을 세우고 언약궤를 두었던 실로에 갔으며, 위대한 선지자 사무엘과 엘리야, 엘리사가 사역했던 곳들을 걸어갔다. 아수르 군대가 북 왕국 이스라엘을 멸하기 위해 쳐들어왔을 때 사용했고 또한 바벨론 군대가 유다와 예루살렘을 침략해서 백성을 포로로 끌고 갔을 때 진군했던 그 길을 따라갔다. 그러나 그들은 또한 포로생활이 끝나고 '시온을 향해 노래하며' 돌아왔던 포로들의 행로를 추적해 갔다. 하나님은 이 모든 여정에 줄곧 그의 백성과 동행하셨다.

그러므로 내가 마리아와 요셉이 베들레헴까지 가는 데 택했다고 보는 이 여정은, 단순한 여행이 아닌 이스라엘 민족 가운데 그간 펼치신 하나님의 '구원사'를 다시 새겨 보는 여정이었으며, 동시에 마리아 몸속에 있는 아기로 인해 그 여정 자체가 하나님의 구원사의 큰 정점이 된 셈이다.

요셉과 마리아가 사마리아를 비켜 가지 않고 그 중심을 통과하는 이 노선을 택했다고 보는 또 하나의 이유가 있다. 사마리아를 피해 갔다면 그 당시 다른 많은 유대인들처럼 요셉과 마리아도 사마리아인들을 부정했고 그래서 피해 갔다고 생각하는 것이 가능해진다. 즉 마리아가 임신 9개월의 몸에도 불구하고 단지 사마리아를 피하기 위해 이틀이 더 걸리는 여정을 택했다고 볼 수 있다는 뜻이다. 과연 이것이 마리아와 요셉이 사마리아인들을 보는 눈이었겠는가?

나는 사마리아인들을 향한 예수님의 태도가 생각났다. 요한복음서 4장에서 예수님은 사마리아를 지나가시면서 수가 동네 근처에 있는 한 우물 곧 야곱의 우물에서 멈추시고 한 사마리아 여인에게 '네가 결코 다시 목마르지 아니할 생수'를 언급하셨다(참고. 요 4:10, 14). 이 여인은 다섯 번 이혼을 했고 지금은 다른 남자와 살고 있었는데, 마음에 상처가 있었고 자신의 영혼을 만족시켜 줄 무언가를 찾고 있었다. 예수님은 당신이 주는 생수를 그녀에게 제안하셨고 동네 사람들에게 가서 자신에 관해 말하라고 부탁하셨다. 본질적으로 말하자면, 사마리아인들에게 파송되는 첫 번째 선교사가 되도록 부르신 셈이다.

나는 또한 예수님의 선한 사마리아인의 비유가 생각났다. 이 비유에서 예수님은 한 사마리아 남자가 유대인 제사장이나 레위인보다 더 의롭다는 것을 보여 주시면서 그 사마리아인을 "네 이웃을 네

몸같이 사랑하라."는 말씀이 의미하는 바의 좋은 예로 들으셨다.

사마리아인들을 향한 이 같은 예수님의 태도와 행위를 봤을 때, 예수님은 불쌍한 마음으로 사마리아인들을 바라보고 그들을 하나님의 자녀로 인정하는 것을 어디서 배웠을까? 나는 예수님이 이러한 것들을 어머니와 육신의 아버지에게서 처음으로 배우지 않았을까 생각한다. 만약 사마리아인들을 향한 예수님의 태도가 그 육의 부모들이 사마리아인들을 향해 가졌던 태도의 반영이었다면, 마리아와 요셉이 사마리아인들과의 접촉을 피하려고 일부러 요단강 노선을 따라 여행했을 것 같지는 않다.

결론적으로, 사마리아를 통과하는 마리아와 요셉의 여행과 사마리아인들에 대한 예수님의 태도에서 우리는 생각해 볼 만한 가치 있는 질문을 던질 수 있다. 우리의 사마리아인들은 누구인가? 그리고 우리의 사마리아는 어디 있는가? 다시 말해 어떤 그룹들에 대해 우리가 혐오감을 느끼는가? 그리고 우리가 사는 도시와 나라, 또는 세계에서 우리가 그러한 사람들을 불편해하기에 피하고 싶은 장소가 있다면 어디인가?

여러 가지 면에서 오늘날 팔레스타인 사람들은 현대의 사마리아인들이다. 요르단 강 서안지구(The West Bank)의 많은 부분이 예수님 시대에 사마리아였다. 유대인들과 팔레스타인 사람들 사이의 충돌은 오늘날 성지에서의 삶이 어떠한지를 규정한다. 많은 1세기의 유대인들처럼 오늘날 미국의 그리스도인들은 성지를 방문하는 동안에 요르단 강 서안지구를 통과하거나 베들레헴 같은 동네에 머무는 것을 피한다. 그런데 많은 사람들이 시간을 내어 이 갈등을 이해하려고 노력하지 않고 있다.

여정

이 책을 연구하기 위해 성지여행을 하면서 나는 승용차로, 밴으로, 그리고 도보로 마리아와 요셉이 나사렛에서 베들레헴까지 택했을 노선을 따라가고자 했다. 요셉이 마리아의 여행을 돕기 위해 짐승 한 마리를 가졌을 것 같지만 누가는 나귀의 존재에 대해서 언급하지 않는다. (앞서 언급한 외경 야고보 복음서는 나귀를 언급한다.)

그들의 여정은 나사렛 언덕에서 이스르엘 골짜기의 평탄한 평원까지 내리막길로부터 시작되었다. 이 구간은 노선 중 가장 여행하기 쉬운 곳이었고 처음 이틀 정도가 소요되었을 것이다. 이스르엘 골짜기는 고대의 많은 전쟁이 벌어졌던 장소여서 그곳의 이름은 전쟁과 유혈의 동의어가 되었다. 요한계시록의 저자는 선과 악 사이의 최후의 종말론적 전쟁인 아마겟돈 전쟁이 여기서 일어난다고 보았다(아마겟돈(Armageddon)은 '므깃도' (Megiddo)의 언덕이라는 뜻이며, 므깃도는 이스르엘 골짜기를 따라 언덕 위에 지은 도시다. 참고. 계 16:16). 이 골짜기를 지나는 동안 내 머릿속에는 마리아 몸속의 아기가 평화의 왕으로 불릴 것이라는 생각이 났다. 그러나 또 이 아이는 요한이 주장한 대로 언젠가 흰 말을 타고 돌아와 악에 맞서 의의 전쟁을 벌이고 최후 승리를 이루실 것이다.(계 19:11~16)

마리아와 요셉은 이스르엘 계곡에서 완만한 오르막길을 맞게 되는데, 그때부터 길옆에 펼쳐진 수많은 종려나무들을 보며 수 킬로미터를 걸었을 것이다. 오늘날 현존하는 종려나무들 중 오래된 것들은 예수님 시대까지 거슬러 올라간다고 한다. 그런 종려나무들은 여정 그 자체처럼 마리아 뱃속에 있는 아기에 대해 증언하는 듯했다.

종려나무의 올리브에서 추출한 엑스트라 버진 오일은 왕을 기름 붓는 데 사용되었다. 사실 메시아라는 단어는 '기름 부음을 받은 자'라는 뜻이다(희랍어의 그리스도도 같은 의미다.). 성스러운 기름을 사람이나 물건 위에 붓거나 바르는 것은 그 사람이나 물건이 하나님께 거룩하고 하나님의 목적을 위해 구별되었음을 나타낸다. 다윗은 선지자 사무엘에게 기름 부음을 받았지만, 왕들은 대개 대제사장에게 기름 부음을 받았다. 그러나 예수님은 누가복음서 7장 36절부터 50절에서 한 창녀에게, 요한복음서 11장 1, 2절에서는(추측컨대 마가복음서 14장 3절에서도) 나사로의 여동생 마리아에게 기름 부음을 받았다. 이러한 예들은 유대 사회가 열등하게 여긴 사람들과 죄인들을 향해 예수님이 어떤 관심을 가지셨는지를 알려준다. 예수님은 이런 사람들의 가치를 높이셔서 그들에게 자신을 왕으로 기름 부을 수 있는 특권을 주셨다. 기름은 또한 치유기도에도 사용되었고 예수님의 제자들은 예수님의 지도를 받아 병든 이들에게 기름을 바를 때 올리브 오일을 사용하곤 했다.

며칠 후 베들레헴으로의 여정은 이스라엘 중앙의 언덕과 산들을 따라 나 있는 고대의 험준한 길을 가다 보니 더욱 험난한 과정이 되었을 것이다. 매일같이 하루의 여정은 순례자들과 동물들의 필요를 공급해 주는 샘이나 우물에서 마쳤을 것이다. 우리는 마리아와 요셉의 행로를 따라 가면서 그런 장소 두 곳을 들렀다. 첫 번째는 요르단 강 서안지구 중심에서 아브라함과 그 자손들에게 물을 제공한 한 오아시스 샘이었고, 두 번째는 예수님이 사마리아 여인을 만났던 수가 성의 야곱의 우물이었다. 나는 항상 이 이야기를 좋아했는데 이전의 성지여행은 이 지역을 우회했기 때문에(베들레헴을 제외하고) 전에는 이 우물을 본 적이 없었다.

수세기 동안 파괴된 도시 위에 도시를 반복해 다시 짓는 과정에서 수가 성의 지반은 치솟아 올라왔다. 현재 수가 성 우물은 러시아 정교회가 지은 장엄한 교회 밑에 위치해 있다. 제단 왼쪽으로 몇 걸음 내려가면 방문객들은 고대 우물이 있는 한 방에 이른다. 거기에 물통 하나가 줄에 달려 있는데, 약 30미터쯤은 내려야 마침내 물을 뜰 수 있다. 나는 이 우물에서 물을 길으며 전에 여기서 똑같은 물을 마시고 하루 저녁을 쉬어 간 요셉과 마리아를 상상했다. 그때 마리아는 30년이 지난 다음 자신의 몸 안의 아기가 여기에 서서 한 사마리아 여인에게 생수를 건네게 될 것이라고는 생각하지 못했을 것이다.

마리아와 요셉은 이제 수가를 떠나 더 높은 지대로 계속해서 3일간 여행을 계속할 것이다. 팔레스타인 운전사가 모는 우리의 밴은 마치 우리에게 마리아와 요셉이 취한 여정의 험난함을 상기시켜 주려는 듯 그 산맥의 맨 꼭대기에서 고장이 날 위험에 처하게 되었다. 우리는 차를 멈춰 엔진을 식혀야만 했다. 그런데 이 때문에 우리는 마리아와 요셉이 건넜을 것이 틀림없는 황량한 산비탈을 산책할 기회를 얻었다. 우리는 북쪽 초목이 무성한 지역에서 성지 남쪽 특유의 뜨겁고 건조한 지역으로 옮겨 갔다. 마리아에게는 이 구간이 전체 여정에서 가장 어렵고 힘들었을 것이다. 예수님의 가족은 이때쯤 7일간에 걸쳐 여행을 하고 있었을 것이다. 요셉은 마리아에게 "곧 우리는 벧엘로 내려갈 것이고, 다음에는 예루살렘과 베들레헴으로 가게 될 것이오. 마리아, 우리는 무사히 도착하게 될 테고 당신도 아무 문제가 없을 것이오."라고 말하며 안심시켰을 것이다.

9일째 오후나 10일째 이른 아침에 마리아와 요셉은 마침내 예루살렘을 보았을 것이다. 그들이 자신들 앞에 펼쳐진 그 거룩한 도시를 보았을 때 느낌이 어땠을지 나는 단지 상상만 할 뿐이다. 물론 1세기의 예루살렘은 지금보다 훨씬 작은 도시였다. 예루살렘은 하나의 언덕(실제로는 여러 언덕) 위에 세운 도시였지만, 사람들 눈은 자연스레 하나님의 성전이 높이 세워져 있는 모리아 산 쪽으로 끌리게 되어 있었다. 나는 매번 예루살렘에 올 때마다 심장이 더 빨리 뛰는 기분을 느낀다. 신기하게도 이곳에 마음이 끌린다. 이곳은 하나님이 지상에 거하시는 곳, 하나님의 임재의 상징으로 나 개인의 믿음에도 중요한 영향을 준 장소다. 마리아와 요셉도 나와 비슷한 마음이었으리라.

예루살렘에서 베들레헴까지는 걸어서 몇 시간 정도면 갈 수 있는 거리이며 건조한 사막과 언덕들을 지나서 몇 킬로미터만 가면 되었을 것이다. 아마도 여행 10일째 되는 날쯤이면 그들은 베들레헴에 도착했을 것이다.[5]

---

5) 어떤 스터디 바이블은 마리아와 요셉이 택한 나사렛에서 베들레헴까지의 여정이 적어도 사흘 정도 걸렸을 것이라고 말한다. 그러나 사흘은 불가능할 것이다. 그 길은 까마귀가 나는 경우에 112. 6킬로미터 거리였다. 그러나 나사렛과 베들레헴 간의 여정은 까마귀가 나는 것과 다르다. 족장들의 길은 지그재그로 길이 나 있는 산등성이들을 가로질러 동쪽으로 갔다가 다시 서쪽으로 가게 되어 있었다. 사람은 도보로 하루에 24.1킬로미터를, 그리고 나귀를 타고 이스르엘 계곡 평지를 지나, 산에서는 하루에 단지 12.8킬로미터만 갈 수 있다. 하룻길은 보통 사람이 일몰 전에 마지막 물이 있는 장소에서 끝나는 것을 생각하라. 내가 걸었던 짧은 구간과 우리가 통과한 지형에 근거해서 계산해 볼 때 마리아와 요셉의 여행은 아마 8일에서 10일 정도 걸렸을 것으로 추정된다. 한 BBC 저널리스트가 몇 년 전에 똑같은 길을 걸었는데 10일이 걸렸다. 팔레스타인 여행사가 이 여정으로 여러분을 안내한다면 그들도 10일을 할애한다.

여관방인가?

요셉과 마리아가 드디어 베들레헴에 도착했다. 누가는 이를 두고 "거기 있을 그 때에 해산할 날이 차서"(눅 2:6)라고만 전한다. 따라서 우리는 마리아가 베들레헴에 도착했을 때 바로 진통을 시작했는지, 아니면 며칠이 지난 다음 진통이 있었는지 정확히 알 수 없다. 보통 이 이야기를 우리는 이렇게 생각한다. 요셉과 마리아가 베들레헴에 도착하지만, 여느 남자들이 그럴 수 있듯이, 도착 전에 요셉이 미리 방 예약을 하지 않았다. 동네는 방문자들로 넘쳐났고 여관에는 이미 방이 없었다. 여관주인은 외양간 안의 한 공간을 그들에게 제안하고 아기는 거기에서 태어났다.

이것이 우리가 자라면서 들어 알고 있는 이야기 형태고 부분적으로는 그게 맞다. 마리아는 외양간에서 출산했고 아기 그리스도를 여물통에 눕혔다. 그러나 마리아와 요셉이 진짜 여관에서 방을 구할 수 없었는지, 그리고 그들이 찾아간 곳 자체가 과연 여관이었는지에 대하여 논란이 있다. 사실 이미 2장에서 여러분도 이 부분에 대해 당연히 궁금했을 것이다. 요셉의 고향이 베들레헴이면 왜 그들이 여관에 머물러야 했겠는가? 그들이 요셉의 가족과 함께 머물려고 하지 않았겠는가? 이는 중요한 질문이다. 그리고 이에 대한 답은 이 이야기를 읽는 우리의 방식을 바꾸게 한다.

대부분의 누가복음서 번역서에서 '여관' (inn)으로 번역된 희랍어는 '카탈루마' (*kataluma*)이다. 복음서들 중에서 이 희랍어 단어가 사용된 다른 한 곳은 예수님이 최후의 만찬을 하기 위해 방을 찾으라고 제자들을 앞서 보내신 때다. 그런데 그 방은 여관에 있는 방이 아니라 어떤 집의 손님방이었다. 즉 카탈루마의 정확한 번역은 '손님방' 이다.

여기서 우리가 1세기 당시 유대지역의 평범한 가옥 구조가 어떻게 생겼는지 살펴보는 일은 도움이 될 것이다. (참고. 다음 페이지에 있는 그림은 1세기 가옥의 고고학적 유물에 근거한 것이다.) 집 안의 중앙에 부엌과 거실 용도의 큰 방이 있고, 그 방 옆으로 부모들의 침실이 있다. 거실에서 약간 위쪽으로 다락방 형식의 방이 있어 평소는 아이들이 잠을 자고 손님이 오면 손님들에게 내어 주는 방이 통상 있게 마련인데 이것이 카탈루마였다. 손님이 오면 아이들은 부모님 방이나 중앙의 거실에서 잠을 잔다. 또 그 외에 창고 같은 외양간 또는 작은 헛간이 별도로 있는데 이것은 보통 집 뒤에 위치하고, 집을

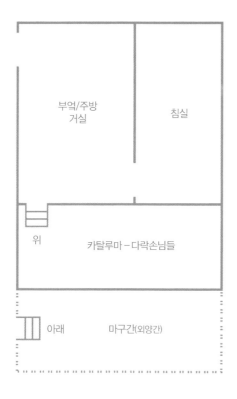

부엌/주방
거실

침실

위

카탈루마 – 다락손님들

아래

마구간(외양간)

동굴 위나 동굴 주변에 지었다면 이 외양간은 집의 아래쪽에 위치한다. 외양간은 맹수와 도둑들로부터 밤에 동물들을 보호하는 역할을 한다.

요셉 가정이 적당한 수입이 있었다고 가정할 때, 그들은 손님방 하나 정도는 있었을 것이다. 그 손님방에는 나란히 여섯 명이 잘 만한 정도의 잠자리 매트가 있었을 것이다. 거실과 부엌을 겸한 방에는 잠자리 매트가 몇 개 더 있었을 것이다. 궁금한 점은 요셉의 형제 등 식구들이 얼마나 많이 그때 인구조사를 하기 위해 베들레헴에 모였을지이다. 만약 요셉이 네다섯의 형제자매가 있었고 그들 각자가 가정을 가지고 있었다면 왜 카탈루마에 공간이 없었던 것인지를 이해할 수 있다.

설령 그 집에 요셉과 마리아가 잘 공간이 있었다 하더라도 요셉의 식구들이 마리아의 출산 공간으로 외양간을 제공할 수 있을지를 생각해 보자. 레위기 12장 1절에서 7절은 아들을 낳을 때 산모는 출산 후 여덟째 날 그 아들에게 할례가 행해질 때까지 부정하다고 언급한다. 매달 월경을 할 때 여인이 의식적으로 불결하고 부정하게 여겨졌던 것처럼, 출산할 때의 산모도 그때 유출하는 피와 물 때문에 의식적으로 부정하게 여겨졌다. 레위기 15장 19절에서 23절은 누구든지 피를 유출하는 여인과 접촉하면 그 사람도 의식적으로 저녁때까지 부정하게 된다고 말한다. 뿐만 아니라 그 여인이 위에 눕는 어떤 이부자리와 접촉하는 물건 또 그 누운 이부자리를 만진 사람도 부정하게 된다. 여기서 우리는 마리아가 손님방에서 출산했을 경우 함께 그 방에 머문 이들이 어떤 문제에 직면하게 될지를 알 수 있게 된다. 손님방에서의 출산은 그 방과 방 안에 있는 물건을 만지는 모든 이들을 부정하게 했을 것이다.

그렇다면 요셉의 부모가 마리아와 요셉에게 프라이버시를 보장해 주고, 그 집 안에 있는 모든 사람들과 모든 물건들이 의식적으로 부정하게 되는 것을 막기 위해, 헛간에 분만실을 마련해 주었을 가능성이 크다. 넉넉지 않은 살림과 단 하나뿐인 손님방만 있는 가정으로서, 외양간을 분만실로 사용하는 것은 최선의 선택이었을 것이다. 이 같은 상황이야 충분히 이해하지만, 나는 마리아가 분만할 때 의자에 앉아 계속되는 진통이 멈출 때마다 본인의 처량한 입장 때문에 눈물을 억지로 삼킬 수밖에 없었을 거라는 생각이 든다. 아무리 그래도 이럴 수는 없는 일 아닌가? 시댁 헛간에서 아기를 낳아야 한다니! 그러나 나는 그때 산파가 "아가야, 아무 일 없이 잘될 거다. 나를 믿어라. 난 이보다 훨씬 더 악조건에서도 분만을 시켜 봤거든! 적어도 너는 남들이 쳐다보지는 않잖아! 내가 여기 있고 하나님도 여기 계셔. 그러니 너는 괜찮을 거야."라고 말하는 모습을 상상해 본다.

몇 년 전에 나는 앤드류 피터슨의 노래, "사랑의 진통"(Labor of Love)의 가사 한 줄에서 영감을 받은 시리즈 설교를 했다. 그때 그는 "그 밤은 고요한 밤이 아니었어요."(It was not a silent night)라고 노래했다. 그 밤은 고요한 밤이 아니었다. 우리가 부르는 크리스마스 캐럴들은 그날 밤 마리아가 겪은 일의 참 모습을 그려 주지 못한다. 우리는 "어둠에 묻힌 밤 주의 부모 앉아서 감사기도 드릴 때."라고 노래 부르지만 그 밤은 그렇지 않았다. 그 밤은 좌절하고 우울하고 힘든 밤이었다. 인생도 그럴 수 있다. 그리고 오랫동안 기다려 온 메시아는 이러한 혼란과 좌절, 고통 가운데서 탄생하셨다. 병원이 아닌, 심지어 손님방도 아닌, 동물들 가운데서, 그의 첫 번째 침대로 여물통이 마련된 외양간에서 그는 태어나셨다.

우리의 여정

        마리아와 요셉이 꿈과 소망이 내팽겨진 채 숱한 어려움을 겪으며 여행을 하는 중에도 하나님은 세상을 구원하기 위해 일하고 계셨다. 하나님은 그 목적을 이루시기 위해 로마 정부의 압제를 포함한 모든 환경을 사용하셨다.

    하지만 이 여정은 마리아가 원했던 것이 아니고, 그녀가 그렇게 되리라고 상상한 것도 아니었다. 또한 이 여정이 마리아가 원치 않았던 여정의 마지막도 아니었다. 예수님 탄생 직후 헤롯은 그 아이를 죽이려 했고 마리아와 요셉은 아기 예수를 데리고 난민으로서 애굽으로 도망가야 했다. 33년 후에 마리아는 자기 아들과 또 다른 여정을 갈 것이며, 그때는 '비아 돌로로사' (*Via Dolorosa*. 그리스도가 십자가를 지고 처형지 골고다까지 간 길 – 역자 주)를 따라 갈보리까지 가게 될 것이다.

    우리도 각자 삶에서 원하지 않는 길을 갈 때가 있다. 내 주변에도 직장을 잃은 사람들, 암과 투쟁하고 있는 사람들, 자녀가 마약 중독과 씨름하고 있는 가족들, 배우자가 가출한 사람들, 자녀를 잃은 부모들이 많다. 당신도 이와 비슷한 처지에 있는 많은 사람들을 알고 있으리라 본다. 분명 삶의 여정에는 낙심의 순간들, 극복하기 힘든 슬픔과 큰 고통의 시간들이 있을 것이다. 그러나 성경의 복음은 하나님이 이런 여정에서 우리와 동행하실 뿐만 아니라 그런 어려움의 순간들을 변화시키시어 그 속에서도 우리에게 선한 것을 느끼게 해 주신다고 말한다. 실제로 성경은 그러한 얘기들로 가득 차 있다.

야곱의 아들 요셉은 형제들에 의해서 노예로 팔리고 난 다음에 애굽으로 가는 신세가 되었고 부당하게 고소를 당해 감옥에 던져졌다. 그러나 그것이 요셉 이야기의 끝은 아니었다. 다윗은 사울 왕이 자신을 죽이려 했을 때 광야로 도망쳤다. 그는 하나님께, "왜 나의 대적들을 형통하게 하십니까? 언제 나를 구원하실 겁니까?"라고 묻는 시편들을 쓰면서 몇 년 간 블레셋인들 가운데 머물렀다. 그는 이러한 여정을 원치 않았다. 그러나 그것이 다윗 이야기의 끝은 아니었다. 사드락과 메삭, 아벳느고는 바벨론 왕의 신상 앞에 엎드려 경배해야 한다고 들었다. 만약 그들이 거절하면 극렬히 타는 용광로에 던져질 것이다. 틀림없이 그들은 불타는 용광로로 가는 그 여정을 원하지 않았을 것이다. 그러나 그것이 그들 이야기의 끝은 아니었다. 남 유다 사람들은 포로로 잡혀 50년 간 망명생활을 할 바벨론까지 끌려갔다. 그러나 그것이 그들 이야기의 끝은 아니었다. 그리고 베들레헴 마구간에서 태어날 아기는 갈보리로 갈 것이다. 그러나 그것이 그의 이야기의 끝은 아니었다.

우리 모두는 원하지 않는 여정을 가게 된다. 그러나 하나님은 이러한 여정 가운데서 우리와 항상 함께하신다. 하나님은 이러한 여정들을 통해 일하시고 그것들을 만회하신다. 그리고 이 같은 어려운 여정들은 결코 우리 이야기의 끝이 되지 않을 것이다.

돌이켜 보면, 우리는 마리아가 마구간에 들어가 계속되는 진통을 겪는 순간에 보지 못한 것들을 볼 수 있다. 그녀는 천사들의 노래 소리를 들을 수 없었고 목자들이 마구간으로 달려오는 것을 볼 수 없었으며 동방박사들이 이미 어린 왕에게 경의를 표하기 위해 예물을 가지고 오고 있음을 알지 못했다. 그리고 마리아는 확실히 2000년 후 우리가 우리 삶에 주는 의미를 생각하며 자신의 이야기를 읽을 것이라는 사실을 볼 수 없었다.

스가랴 선지자는 지나 온 여정의 고단함 때문에 스스로 낙심해 있던 그의 백성에게 말했다. 사람들은 희망을 포기하려 하였지만 스가랴는 그들에게 언젠가 하나님이 자기 백성을 구원하실 왕을 보내실 것이라고 상기시켰다. 그때 스가랴 선지자는 하나님의 백성을 재미있는 말로 불렀는데 그 말은 '소망의 포로들' 이었다.

"또 너로 말할진대 네 언약의 피로 말미암아 내가 네 갇힌 자들을 물 없는 구덩이에서 놓았나니 갇혀 있으나 소망의 포로들이6) 너희는 요 새로 돌아올지니라. 내가 오늘도 이르노라 내가 네게 갑절이나 갚을 것이라." (9:11, 12)

나는 "우리 모두는 소망의 포로들, 소망에 사로잡히고, 소망에 묶이고, 소망을 놓아 보낼 수 없는 포로들로 부름 받았다."는 말을 좋아한다. 소망은 우리가 결정하는 것이다. 즉 소망은 하나님이 우리의 역경과 실망, 비탄과 고통을 택하시어 당신의 목적을 이루는 데 사용하실 수 있음을 믿는 것을 선택하는 일이다. 우리는 바로 이것을 마리아 이야기에서 보게 되는데, 나사렛에서 베들레헴까지의 여정과 마구간 동물들 가운데서의 출산 등과 같은 이야기는 실망의 한가운데서도 소망이 태어남을 우리가 보게 해 준다. 나는 마리아에게 "울지 마. 하나님은 심지어 여기 동물들 한가운데서도 계셔. 사람들은 세상 끝날까지 네 이야기에서 소망을 얻을 거야."라고 속삭이고 싶다.

그리고 여러분에게는 현재 여러분이 어떤 여정 속에 있든 상관없

---

6) 역자 주: 많은 영문 번역의 경우 이렇게 되어 있으나 한글 개역개정은 '소망을 품은 자들'로 번역되어 있음.

이, 지금 여러분이 가고 있는 여정이 여러분 이야기의 끝은 아니라는 것을 믿고 소망하며 신뢰하라고 권하고 싶다. 왜냐하면 하나님이 여러분 편에 계시기 때문이다. 그러니 하나님께 기도하라. 하나님이 여러분의 실망스런 상황을 사용하시어 하나님의 큰 목적을 이루시도록. 마리아가 베들레헴까지 그렇게 길고 어려운 여정을 계속할 수 있었던 것도 바로 그러한 소망 때문이었다는 것을 나는 믿는다.

우리가 원하지 않는 여정들

2010년 가을, 나는 나사렛에서 베들레헴까지의 직통 노선으로 마리아와 요셉의 여정을 추적했다. 그 과정에 그 길이 마리아에게 얼마나 어렵고 힘들었을지 생각하며 크게 놀랐다. 마리아처럼 우리 모두는 우리가 원치 않는 여정으로 내몰릴 수 있다. 이러한 여정들은 하나님이 아닌 삶의 환경이나 다른 이들의 뜻에 의해서 정해진다. 그런 여정에서 우리는 낙심할 수 있고 혹시 우리가 하나님께 버림받은 것은 아닌지 의문을 가질 수 있다. 또 왜 우리가 그런 길을 가야 하는지 혼란스러워할 수 있다. 마리아도 베들레헴까지 가는 여정에서 이와 비슷한 느낌을 가졌을 수 있다.

그러나 우리가 성경에서 발견하고 우리 삶 속에 비춰 볼 수 있는 것은 하나님은 이런 여정 중에 있는 우리를 포기하지 않으신다는 사실이다. 어떤 식으로든 하나님은 우리가 기대하지 않은 방법으로 그 여정들을 통해서도 일을 하신다. 우리가 몇 년이 지난 후 뒤를 돌아

보면 하나님이 어떻게 역경과 실망, 고통을 취하여 당신의 목적을 이루기 위해 사용하셨는지를 볼 수 있게 된다.

앤은 임신 5개월이 되는 시점에 뭔가 잘못되어 가고 있다고 느꼈다. 양수검사 후 의사들은 태중 아이에게 '염색체 22번 고리' 라는 유전병 진단을 내렸다. 그 당시 이 병은 잘 알려진 병이 아니었다. 의사들은 앤과 그녀의 남편 제리에게 애기가 유산될 것 같다고 말했다. 애기의 생명을 살릴 수 있는 수술 기회를 갖기 위해 일찍 출산할 수 있을지를 문의했을 때, 의사들은 "살릴 가치가 없다."고 말했다. 앤과 제리는 그 말을 수년에 걸쳐서 여러 번 기억할 것이다. 그리고 마태는 1984년 1월에 태어났다. 앤과 제리는 '주께로부터 받은 선물' 이라는 뜻을 가진 마태로 아이 이름을 지었던 것이다. 마태는 몇 가지 심각한 선천적 결함을 가지고 태어났지만 생존했다. 그것은 앤과 제리가 예상했거나 바랐던 여정이 아니었다. 그러나 살아가면서 겪게 되는 여정이었고 그들 부부는 자신들의 아들로 인해 감사했다.

나는 마태가 여덟 살 때 처음으로 그를 만났다. 그의 엄마아빠가 우리 교회를 방문했는데, 그 이후로 우리 교회는 마태를 비롯하여 그와 같은 아이들을 위해 그의 이름을 본 따 마태사역을 시작했다. 후에 마태가 수술을 받을 때 피가 필요할 것을 알고 우리의 연례적인 헌혈 캠페인을 시작했다. 마태는 스물한 살의 나이에 숨을 거두었다. 그의 삶은 앤과 제리를 내가 아는 가장 주목할 만한 사람들 중

두 명으로 만들어 놓았다. 그리고 마태는 다른 수천 명의 삶을 바꾸어 놓았다. 오늘날 140명이 넘는 장애 아동들과 성인들이 우리 마태 사역의 혜택을 받고 있다. 매년 헌혈 캠페인에서 우리는 709.5리터가 넘는 피를 캔자스시티 지역 사람들을 위해 모은다. 우리 교회와 공동체는 생명을 살릴 만한 가치가 없다던 그 아이로 인해 변화되었다.

하나님의 가장 위대한 역사는 우리가 원하지 않는 여정에서 자주 일어난다. 하나님은 실망과 고난, 고통에서 좋은 것을 짜 내는 방법을 알고 계신다. 앤과 제리는 바로 이것을 발견했다. 이는 또 요셉과 마리아가 반복해서 깨달았을 것이기도 하다. 당신의 삶을 되돌아보라. 하나님이 어떻게 역경에서 좋은 것을 이뤄 주셨는지가 보이는가? 혹시 당신이 지금 이 시간 그런 여정 가운데 있다면, 하나님이 당신과 동행하시고 역경으로부터 좋은 것을 가져다주실 거라고 믿기 바란다.

．
．
．

주님, 고난에서 좋은 것을 가져다주시는
그 하나님의 방법으로 인하여 감사합니다.
하나님이 나를 떠나지도, 버리지도 않겠다고 하신 약속을
기억할 수 있도록 도와주옵소서.
내 삶의 역경에서 좋은 것을 가져다주시고
내가 원하지 않는 여정을 가게 될 때에
당신의 평안을 허락하옵소서. 아멘.

The Journey: A Season of Reflections, Abingdon Press, 2011

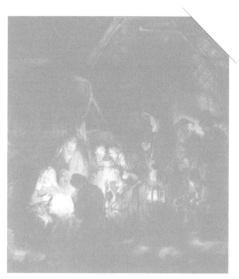
목자들의 경배 렘브란트, 65.5×55, 런던 국립미술관

5장

구유

성탄절에 구유에 가서 이 떡을 먹으라고 여러분을 초대하고 싶다. 그리스도를 따르는 자가 되고 그분을 신뢰하는 선택을 하는 자리에 여러분을 초대하고 싶다. 성탄절은 하나님과 그의 아들 예수 그리스도의 이름을 큰 소리로 부르고 다음과 같이 기도할 절호의 때이다.

시돈

베니게

아빌리네

헤르몬 산

두로

가이사라 빌립보

가이사라 빌립보

이두래

파니아스

드라고닛

에돌 호수

율라

갈릴리 가버나움

갈릴리 호수

벳새다

빌다니아

골란 고원

지

중

해

세포리스

갈멜 산

나사렛

아우라니디스

나봇 산

데가볼리

가이사라

그리심 산

사마리아

베뢰아

욥바

여리고

예루살렘

아인카렘

베들레헴

헤로디움

사

유다

가사

이두매

요

르

단

강

사

해

N

W   E

S

예수시대의
팔레스타인

SCALE OF MILES

0   5   10   15   20   25   30

"그 지역에 목자들이 밤에 밖에서 자기 양 떼를 지키더니 주의 사자가 곁에 서고 주의 영광이 그들을 두루 비추매 크게 무서워하는지라. 천사가 이르되 무서워하지 말라. 보라 내가 온 백성에게 미칠 큰 기쁨의 좋은 소식을 너희에게 전하노라. 오늘 다윗의 동네에 너희를 위하여 구주가 나셨으니 곧 그리스도 주시니라. 너희가 가서 강보에 싸여 구유에 뉘어 있는 아기를 보리니 이것이 너희에게 표적이니라 하더니 홀연히 수많은 천군이 그 천사들과 함께 하나님을 찬송하여 이르되 지극히 높은 곳에서는 하나님께 영광이요 땅에서는 하나님이 기뻐하신 사람들 중에 평화로다 하니라. 천사들이 떠나 하늘로 올라가니 목자가 서로 말하되 이제 베들레헴으로 가서 주께서 우리에게 알리신 바 이 이루어진 일을 보자 하고 빨리 가서 마리아와 요셉과 구유에 누인 아기를 찾아서 보고 천사가 자기들에게 이 아기에 대하여 말한 것을 전하니 듣는 자가 다 목자들이 그들에게 말한 것들을 놀랍게 여기되 마리아는 이 모든 말을 마음에 새기어 생각하니라. 목자들은 자기들에게 이르던 바와 같이 듣고 본 그 모든 것으로 인하여 하나님께 영광을 돌리고 찬송하며 돌아가니라." (누가복음 2:8~20)

동화?

　　때때로 우리가 성탄절 이야기를 들을 때 그것은 동화처럼 보일 수 있다. 북치는 소년이 지켜보는 사이 소는 '음매' 하고 울고 있으며 마리아는 헛간에서 출산을 한다. 날개 달린 천사들이 목동들에게 손짓을 하고, 곧이어 낙타 탄 동방박사(가스파, 발타자르, 멜키오르)가 황금과 유향, 몰약을 선물로 드리기 위해 헛간까지 별을 따라간다. 이런 이야기는 좋은 크리스마스 캐럴에는 어울리겠지만 정말로 일들이 그런 식으로 일어났을까?

　　이번 장에서 우리는 우리의 상상 속 장면들을 제쳐 놓고, 첫 번째 성탄절 밤과 그 후 며칠 동안 실제로 어떤 일이 일어났을지 살펴보게 될 것이다. 각 장에서 지금까지 해 왔던 것처럼 우리는 이 부분의 이야기 즉, 예수님 탄생과 그 직후의 사건들이 예수님과 하나님 및 우리 자신에 대해서 무엇을 말해 주는지 알아볼 것이다.

　　역사와 지리, 고고학과 인간의 경험에 비추어 볼 때, 우리는 이 이야기가 결코 동화가 아니라는 사실을 깨닫기 시작한다. 이 이야기는 투박한 삶의 현실을 그대로 담고 있는 고통스럽고 실제 일어날 수 있는 이야기다.

예수탄생교회

만약 여러분이 오늘날 성지를 방문한다면, 여러분은 신성한 곳들과 순례지 위에 세운 많은 교회들을 볼 수 있을 것이다. 그러나 우리는 현실적으로 예수님의 삶에서 이런저런 사건이 실제로 어디에서 일어났는지는 알기가 쉽지 않다. 그런데 이런 장소들은 우리로 하여금 예수님의 삶의 이야기를 머릿속에 기억나게 하고 그 땅을 마음속에 그려 보게 한다. 일부 장소들, 예를 들면 성전 산(Temple Mount)과 기드론 골짜기, 감람산 같은 곳들은 확실하게 단정이 가능하다. 그러나 베들레헴 예수탄생교회(The Church of the Nativity) 밑의 동굴이 실제로 예수님 탄생 장소라는 어떤 증거가 있는가? 확실히 알 수는 없어도 그 동굴이 예수님 탄생 장소였다는 매우 초기의 증거들이 있다.

로마 황제 하드리아누스(Hadrian)는 그리스도인들이 이곳을 방문하지 못하도록 기원후 135년 즈음에 이 장소에 아도니스(Adonis)의

신전을 지었다고 한다. 이는 바로 기원후 135년 이전에 그 동굴이 이미 예수님 탄생 장소로 인정받고 있었다는 말이다. 초기 기독교 지도자요 순교자인 저스틴(Justin Martyr)과 2세기 중반에 기록된 '야고보의 유년기 복음서'는 둘 다 예수님이 베들레헴의 한 동굴에서 태어났다고 말한다. 4세기 때 로마 황제 콘스탄티누스는 어머니의 요청으로 예수님 탄생 장소를 표시하기 위해 그 동굴 위에 교회를 지었다. 이 모든 자료들을 고려해 볼 때, 나는 그 교회 밑에 있는 동굴이 예수께서 태어나신 실제 장소일 것이라고 믿는다.

이 장소에 교회를 처음 지은 것은 기원후 326년경이다. 그 첫 번째 교회는 나중에 파괴되었고 6세기 중반에 로마 황제 유스티니아누스(Justinian)가 다시 지었다. 지금 있는 교회는 비록 여러 가지 이유로 개조를 해 왔지만 그 건물이다.

예수탄생교회 외곽에는 수천 명의 그리스도인들이 매년 성탄전야에 예수탄생축하를 위해 모이는 구유광장(Manger Square)이 있다. 이 교회에 들어가려면 머리를 숙여야만 할 정도로 낮은 '겸손의 문'을 지나야 한다. 그 문은 한때 믿지 않는 자들이 말을 타고 안으로 들어옴으로써 교회가 더럽혀지는 것을 막기 위해 현재 높이로 낮춰졌다고 한다. 일단 그 문 안으로 들어가면, 긴 예배당 본당 양옆으로 기둥들이 두 줄씩 늘어서 있다. 기둥 꼭대기와 그 위 벽에는 12세기의 벽화들이 나열되어 있고 그 위 창문들 사이로는 천사들의 그림들이 보인다. 본당 안 오른편에는 기원후 500년대로 거슬러 올라가는 팔각형 모양의 세례반(洗禮盤, 세례를 베풀기 위해 성수를 준비해 놓은 작은 목욕탕 같은 것 – 역자 주)이 있다.

교회 앞부분에는 병풍 같은 성화벽(聖畵壁, iconostasis)이 있는데, 이는 동방정교회에서 회중이 앉는 본당과 제단 사이를 나누어 준다. 방문객들은 아침 일찍부터 예수님 탄생장소로 알려진 곳에서 기도하기 위해 줄을 선다. 그들은 약간 높은 제단 한쪽으로 안내되어 거기서 계단을 따라 약간 내려가면 예수탄생 동굴로 들어간다. 동굴은 늘 많은 사람들로 붐벼서 방문객들은 아쉽지만 재빨리 움직여 그곳을 빠져 나와야 한다. 동굴 뒤쪽으로 가서 좀 더 시간을 보낼 수는 있지만 사람들이 많아 서둘러 나와야 한다는 생각에 거기서 계속 머물기가 쉽지 않다.

계단을 내려올 때 가장 눈에 들어오는 부분은 전방 오른쪽에 있다. 이는 바닥 대리석에 박혀진 열네 개의 뾰족한 끝을 가진 별이다. 예배자들은 그 앞에 나아가 무릎을 꿇고 그 별과 별 중심의 원형구멍을 만지려고 손을 뻗치는데, 그때 예배자들 손에 느껴지는 것은 그 구멍 밑의 돌이다. 별 위에는 '여기서 예수 그리스도께서 동정녀 마리아에게 태어나셨다' 는 의미의 라틴어 글이 새겨져 있다. 예수께서 바로 이 장소에서 태어나셨는가? 우리는 모른다. 그러나 예수께서 이 동굴에서 태어나셨다면, 이 별은 우리가 멈춰 기도하고 성육신 이야기와 신비에 대해서 묵상할 수 있는 외형적 접촉점이 되는 셈이다.

　대부분 방문객들은 옆 사람의 팔꿈치에 밀려 무릎을 펴고 일어나 왼쪽으로 90도 돌아 교회 제단 왼편 계단으로 올라간다. 그러나 계단 쪽으로 올라가는 대신 별 쪽에서 180도 돌아가면, 동굴 뒤편으로 가서 잠시 더 머무를 수 있다. 거기서 잠시 동안 눈을 감고 있으면 우리는 첫 번째 성탄전야에 이곳에서 출산한 젊은 마리아를 상상할 수 있다. 마음속으로 우리는 질그릇 토기로 된 기름등잔과 바닥 위에 널려진 지푸라기들, 분만의자에 앉은 마리아와 그 앞에서 무릎을 꿇고 있는 산파를 그려 볼 수 있다. 또한 마리아의 비명 소리, 부산한 움직임과 놀라서 겁에 질린 요셉, 그리고 마침내 세상에 갓 태어난 왕의 첫 번째 울음소리를 상상할 수 있다. 그 밤은 고요한 밤이 아니었다. 그러나 그 밤은 분명히 거룩한 밤이었다.

　동굴을 떠나기 전에 별이 있는 쪽으로 다시 가서 출구로 나오면 오른쪽 층계 아래쪽에 소예배실이 있다. 이곳이 '구유의 예배당'(Chapel of the Manger)이다. 여기서 우리는 아기 예수가 동물이 사용했던 여물통에 뉘어졌다는 것을 한 번 더 떠올리게 된다. 그 여물통은 흔히 생각하는 것처럼 나무보다는 돌을 파내 만든 직사각형 통일 것 같다.

　계단을 걸어 올라가며 예수탄생 동굴을 다시 되돌아보라. 세계 인구의 3분의 1로부터 하나님의 아들이요 왕 중의 왕으로 환영받는 그분이 왕궁에 태어나시지 않고 나귀들을 두는 장소, 1세기의 주차장과 같은 곳에 태어나셨다는 것에 다시 한 번 놀라기 위해 잠시 멈추라. 심지어 오늘날에도 예수께서 그렇게 초라한 곳에 태어나셨다는 것에 많은 사람들이 충격 받고 아마도 좀 불편해할 것이다. 그 이야기는 동화가 아니었던 것이다.

목자들

누가가 우리에게 이 갓 태어난 왕을 처음으로 와서 본 사람들이라고 말하는 목자들을 생각해 보자. 1세기의 목자들은 사회적 · 경제적으로 가장 낮은 지위에 있었다. 대개가 배우지 못했고, 가난했으며, 자연에서 동물들과 살았기 때문에 때때로 지저분한 냄새를 풍겼다. 또한 거의 땅을 소유하지 않았기 때문에 다른 사람들 땅에서 자신들의 양 떼들에게 풀을 먹였다. 이것은 때때로 긴장을 가져왔다. (정기적으로 자기 집 개들을 여러분 집 앞에 풀어 놓는 이웃들을 생각해 보라.) 사람들이 목자들을 이해해 주었지만 그렇다고 늘 존경해 주지는 않았다. 누가가 이 목자들이 아기 그리스도를 보기 위해 찾아온, 첫 번째로 초대받은 이들이라고 말할 때, 1세기의 청중은 이 말을 좋게 생각하기보다는 충격으로 받아들였을 것이다.

베들레헴에 있는 동안 나는 한 목자와 시간을 보내고 싶었다. 나의 가이드는 양 돌보는 일을 생계수단으로 삼는, 다소 부끄러움을 타는 이브라힘이라는 남자를 소개해 주었다. 우리는 그의 양들이 풀을 뜯고 있는 올리브 나무 수풀에서 만났다. 그의 아내 파티마와 몇 몇 자녀들도 동참했다. 나는 그들이 사는 곳을 가 보지는 못했지만 다른 목자들이 오래된 화물 컨테이너에서 살고 어떤 베두인들 (Bedouins)은 천막에서 사는 것을 보았다. 다른 사람들은 말할 것도 없이 보통 가정에서 산다. 또 밤에 양들을 가두는 동굴들을 보았는데, 그 동굴들 주변에는 맹수들을 막고 양들을 안에 보호하기 위해 철책선을 쳐 놓았다.

이브라힘과 파티마는 열일곱 번 임신을 했는데 그 중 열 번은 유산 또는 사산했다. 우리가 올리브 나무 아래에 앉아 이야기를 나누고 있을 때 그들의 아이들 네 명과 여섯 마리 양들이 우리와 같이 있었다. 나는 이브라힘의 겸손과 친절함에 깊이 감명 받았고, 또한 낯선 미국 그리스도인인 나와 기꺼이 대화하려는 그의 마음을 매우 감사하게 생각했다. 그는 팔레스타인 이슬람교도이다. 이슬람교도들은 예수를 존경하고 그를 한 위대한 예언자로 생각한다. 코란 (Quran)은 심지어 예수가 처녀의 몸에서 태어났다고 가르친다.

나는 이브라힘이 예수님 탄생에 관한 복음서 이야기를 들어봤는지, 그리고 예수님 탄생 직후 그를 보기 위해 찾아온, 하나님의 초대를 받은 첫 번째 사람들이 목자들이었다는 사실을 아는지 물었다. 그는 그렇다고 고개를 끄덕였다. 그 다음에 그에게 왜 하나님이 예수님의 탄생을 축하하는 첫 번째 사람들로 목자들을 초청했을지 물었다. 그는 즉시 목자들이 겸손했기 때문인 것 같다고 말했다. 이 말은 예수님은 겸손했기 때문에 하나님이 겸손한 목자들을 그의 탄생 자리에 초청한 것이라는 뜻이었다.

나도 항상 그렇게 생각을 해 왔지만, 이브라힘의 말은 갓 태어난 왕을 처음 찾아와 본 사람들에 대한 생각과, 밤 근무 중인 목자들을 이런 영광으로 축복한 하나님의 마음을 내가 더 분명하게 헤아리게 해 주었다. 나는 또 목자들이 사회의 낮은 계층으로 인식되었음에도 불구하고 (아마도 정확히 말하면 그 사실 때문에) 하나님이 자신을 목자로, 그의 백성을 양으로, 말씀하셨다는 것이 흥미로웠다. 게다가 하나님은 자신을 위해 사람들을 택하실 때 양치기들을 선택하셨다. 젊은 다윗을 이스라엘의 위대한 왕으로 택하셨을 때 하나님은 한 목동소년을 선택하신 것이었다. 그리고 다윗과 같은 새로운 왕을 다시 보내겠다고 약속하셨을 때, 하나님은 그 오실 왕을 잃은 양을 찾을 목자로 묘사했다(참고. 겔 34장). 마구간에서 태어난 그 아이가 어른이 되었을 때, 그는 자신을 양을 위해 생명도 버릴 '선한 목자'로 설명하고자 했다.

다시 한 번 우리는 예수님 탄생 이야기는 동화나 신화가 아닌 이 세상에 실제로 일어난 이야기이고 겸손이 이 이야기의 특징임을 알게 된다.

천사의 합창

　　　　　예수님 탄생 이야기가 사람들에게 약간 신화적으로 보이는 이유 중 하나는 여기에 천사들 얘기가 있기 때문이다. 우리는 "지극히 높은 곳에서는 하나님께 영광이요."를 부르며 밤하늘을 훨훨 나는 날개 가진 피조물들을 상상한다. 또 날개 달린 귀여운 아기 천사들이 목자들에게 노래하는 모습을 상상한다. 하지만 나는 이런 천사들은 본 적이 없고 또 그런 것들이 그날 목자들이 보았던 천사들 같지는 않다고 본다.

　　그렇다면 귀여운 아기 천사들이 노래한 것이 아니라면, 그 밤에 무슨 일이 일어났을까? 앞에서 배운 것을 다시 생각해 보자. 천사란 히브리어와 희랍어에서는 사자(使者) 혹은 전달자를 뜻하는 단어다. 성경에서 천사들은 단순하게 사람으로 나타난다. 히브리서의 저자는 "손님 대접하기를 잊지 말라 이로써 부지중에 천사들을 대접한 이들이 있었느니라."(히 13:2)라고 하며 독자들을 권면한다. 천사들은 날개 가진 아기 천사들이 아니라 보통 낯선 사람들로 나타난다.

첫 성탄절에 대한 누가의 이야기에서, 한 낯선 사람이 몇몇 목자들 가운데에 나타났을 때 야간 근무를 하던 그들은 양들을 돌보고 있었다. 이 일 자체만으로도 그날 밤 저들이 놀랐겠지만 누가는 그 외에도 다른 것이 있었다고 말한다. "주의 영광이 그들을 두루 비추매"(눅 2:9). 그렇다면 그 밤에 목자들은 무엇을 보았는가? 여기에 대해 누가는 자세한 설명을 하지 않고 있는데, 이런 질문을 하는 것 자체가 이야기를 너무 문자적으로 이해하려는 것으로 보일 수 있다. 그러나 '주의 영광' 이라는 표현은 예수님의 탄생 가운데에 하나님의 영광이 나타났다는 것을 말하는 누가의 방식이다. 밝은 빛이 하늘로부터 비췄는지, 달이 특별히 환하게 밝았는지, 아니면 그 낯선 사람이 빛을 반사했는지 본문에서 우리는 알 수 없다. 또 이런 데에 초점을 맞추게 하는 것이 누가의 의도는 아니다. 누가는 우리가 이 낯선 사람이 하는 말에 주목하길 원한다. 그 말은 "내가 온 백성에게 미칠 큰 기쁨의 좋은 소식을 너희에게 전하노라. 오늘 다윗의 동네에 너희를 위하여 구주가 나셨으니 곧 그리스도 주시니라." 였다.(눅 2:10~11)

온 백성에게 미칠 큰 기쁨의 좋은 소식, 바로 이것이 예수님의 탄생이 뜻하는 바다. 우리는 큰 기쁨의 좋은 소식을 얼마나 갈망하는가! 매일 밤 뉴스를 켤 때 우리는 전쟁과 지진, 토네이도와 쓰나미,

테러범들의 공격과 지구 온난화, 기름 유출과 경제 재앙의 소식 등을 듣는다. 이전 세대와는 달리 우리는 지속적으로 두려움과 근심을 일으키는 나쁜 뉴스를 접하고 있다. 그러니 우리가 어떻게 마음속 깊이 지속적으로 두려움을 묻고 살지 않을 수 있겠는가? 그런데 천사가 목자들에게 외쳤다. "내가 큰 기쁨의 좋은 소식을 너희에게 전하노라."

오늘날에도 예수님의 탄생은 여전히 큰 기쁨의 좋은 소식이다. 왜 그런가? 예수께서 메시아 구세주시며 주님이시기 때문이다. 메시아가 되신다는 것은 오랫동안 기다려 온 왕으로 하늘과 땅을 다스리실 분이라는 말이다. 또 주님(가이사도 자기를 가리켜 주장한 칭호)이 된다는 것은 메시아가 되는 것처럼 주권자이며 통치자, 우두머리가 되는 것이다. 그러나 그 아기는 그리스도와 주님일 뿐만 아니라 구세주였다.

목자들은 이 아기가 그들을 로마의 압제에서 구하고 예루살렘에서 다윗 보좌에 앉아 다스릴 것이라고 생각해 온 것 같다. 그러나 예수님은 그런 종류의 구세주가 아니었다. (그러나 만약 예수님 시대의 유대인들이 예수님의 가르침을 듣고 원수를 사랑하고, 다른 뺨도 돌려대며, 핍박하는 자들을 위해서 기도하기를 택했다면, 예루살렘은 기원후 70년 로마의 손에 의해 경험한 멸망에서 구원받았을 수도 있었을 것이다.)

만약 예수님의 역할이 로마의 압제에서 유대인들을 구원하기 위해 로마에 대항한 군사공격을 지휘하는 것이 아니었다면, 예수께서는 무엇으로부터 그들과 우리를 구원했는가? 나 자신에게도 이 질문을 여러 차례 해 봤다. 나는 예수께서 나를 완전자아도취적인 삶으로부터 구원하고 계심을 안다. (그리고 그것은 아직 끝나지 않았다). 예수께서는 더 많이 가지는 데 초점을 맞추었던 삶에서 나를 구원했다. 결혼 생활 30년이 지난 지금, 나는 예수께서 내가 아내를 속여 다른 여자와 부정을 저지르는 일이 없도록 나를 막으셨다는 것을 확신한다. 예수께서는 내가 최악의 악한이 되는 것에서 구원하셨기에, 나는 어느 정도나마 다른 사람들을 돌보고자 노력하고, 나 자신을 내어 주며, 정의를 위해 일하고, 상처 많은 세상 가운데 불쌍한 마음을 가지려고 노력한다. 이 모든 것 대부분이 예수님이 하시는 일이다.

예수께서는 우리를 죄와 수치심에서, 절망과 낙심에서, 두려움과 죽음에서 구원하신다. 효력을 상실한 죄의 힘을 깨뜨리시고 갇힌 자를 자유하게 하신다. 나는 예수께서 마약 중독자들을 중독에서 구하고 그들에게 새로운 삶을 주시는 것을 보아 왔다. 자기밖에 모르고 분개하며 억울해 하고 화를 잘 내는 사람들이 예수님을 통해 구원받고 변화 받아 자유와 희망과 기쁨을 가지고 살아가는 경우를 보아왔다. 예수님은 상처받은 우리 인간을 구원하시고 인도하여 세상에 치유와 희망을 가져오도록 하기 위해 우리를 보내셨다.

그리고 이 큰 기쁨의 좋은 소식은 모든 사람들을 위한 것이었다는 사실에 주목하라. 이는 유대인들만을 위한 것이 아니고 이방인들도 위한 것이었다. 가난한 목자들만을 위한 것이 아니라 아직 도착하지 않은 부하고 지혜로운 동방박사들도 위한 것이었다.

이 아기는 우리가 사는 이 세상을 바꾸는 일과 믿음으로 그에게 나아가는 각 사람을 구원하는 일에 대한 열쇠를 가질 것이다. 우리 모두는 구원이 필요하고, 구원은 그날 목자들에게 탄생이 선포된 그 아기를 통해서 모든 사람들에게 열려 있다.

그날 밤 목자들에게 이것이 어떻게 보였든지 간에 주의 영광은 여물통에 누웠던 아기에게 가장 분명하게 나타났다. 이 아기는 우리에게 '길과 진리와 생명'이 되시기 위해, 그리고 궁극적으로는 인간을 위해 자신의 생명을 주시기 위해 자기를 낮추시면서 우리에게 가까이 오시는 하나님, 임마누엘이시다. 요한은 성탄절 이야기에 대한 그의 독특한 설명에서, "말씀이 육신이 되어 우리 가운데 거하시매 우리가 그의 영광을 보니 아버지의 독생자의 영광이요 은혜와 진리가 충만하더라."고 말한다(요 1:14).

예수께서는 우리 주변을 에워싸고 있는 모든 좋지 않은 소식으로부터 우리를 구원하시고 우리를 위해 '큰 기쁨의 좋은 소식'이 되시기 위해 오셨다. 낯선 사람 곧 천사가 좋은 소식을 목자들에게 알리자마자 갑자기 언덕 저쪽에서 낯선 사람들 한 무리가 어둠 가운데서 나타났다. 그것은 마치 이 좋은 소식이 알려지면서 그 낯선 사람들이 더 이상 침묵을 지킬 수 없어서 하나님을 찬양하기 시작한 것 같았다. 엘리사벳이 마리아를 축복했을 때의 마리아처럼, 이 천사들은 주님을 높였고 그들의 영들은 하나님 곧 그들의 구세주를 찬송하였다. 놀라운 일이 베들레헴의 그 동굴에서 시작되었다. 그러나 이 일은 이 아기가 33년 뒤 십자가에서 죽임을 당한 후 또 다른 동굴에서 걸어 나올 때까지 완성되지 않을 것이다. 그 천사들의 무리는, "지극히 높은 곳에서는 하나님께 영광이요 땅에서는 하나님이 기뻐하신 사람들 중에 평화로다"(눅 2:14)라고 외쳤다.

하나님께 영광이요 사람들 중에 평화! 이것이 목자들이 예수님 탄생에서 본 것이다. 하나님이 인류를 위해 하나님의 성품과 뜻을 드러내시고, 궁극적으로는 고난 받으며 죽고 세상을 위해 다시 살아나시기 위해 가난한 가정 무명의 아기로서 인류에게 오신 그 순간은 찬양할 만했으며, 그 속에는 인류를 위한 평화의 약속이 담겨 있었다.

하나님을 향한 찬양을 마친 후 낯선 이들은 어둠 속으로 물러갔다. 이를 두고 누가는 우리에게 그들이 하늘로 올라갔다고 올바르게 말한다. 또 누가는 바로 그 순간 목자들이 "주께서 우리에게 알리신 일들을 보기 위해"서라며 즉시 베들레헴에 가야 한다는 것을 알고 있었다고 말한다. 그곳에 도착하자마자 목자들은 천사들이 말해 준 그대로 모든 것을 보았다. 그리고 그들이 이것을 보았을 때, 그들은 천사가 자기들에게 이 아기에 대하여 말한 것을 전하였고, 그것을 듣는 자는 목자들이 그들에게 말한 것들에 모두 놀랐다.(참고. 눅 2:15~18)

이제 천사들 얘기로 돌아가 보자. 그 천사들은 하나님께로부터 좋은 소식을 가지고 온 사자들이었다. 우리는 성경에서 천사들은 인간과 구별되지 않는, 낯선 사람들로 나타난다는 것을 배웠다. 희랍어 앙겔로스(*angelos*)라는 단어는 실제로 사람들을 묘사할 때 사용된다. 누가는 누가복음서 7장 24절에서 세례요한이 예수님께 질문을 하기 위해 사자를 보냈다고 말한다. 그리고 나중에 9장 52절에서 예수님은 그의 사역의 길을 준비하기 위해 그 앞에 사자들을 보냈다. 그렇다면 목자들 이야기에서 저들이 예수님을 본 후에 다른 사람들에게 자신들이 본 것을 말하면서 그들 스스로 사자들이 되었다는 데에 주목하라. 예수님은 마태복음서 28장 18절에서 20절의 대위임령에서 그의 제자들 (및 우리)이 그의 사자들이 되도록 부르신다.

나는 천상의 천사를 한 번도 본 적이 없다. 그러나 지상의 천사들은 만난 적이 있다. 내가 그들을 필요로 했던 바로 그 순간 격려의 말

또는 도움을 주면서 내게로 왔던 사람들, 그렇지 않으면 나를 축복하며 삶을 지탱해 주거나 인도하고 이끌어 준 사람들이다. 나는 또 종종 다른 사람들을 주님께 인도하거나 어떤 모양으로든 하나님 사랑을 실천하면서, 혹은 단지 용기와 희망을 주면서 그런 사람들 중 하나가 되는 특권을 누렸다.

몇 년 전에 나는 성도들에게 천사들을 목격한 경험담을 나누도록 했다. 성가대원 중 한 사람이 나에게 자신의 경험을 종이에 적어 주었다. 그녀는 3기 난소암과 싸우고 있었는데, 어느 날 밤 어떻게 동료 성가대원 30명이 자신의 병실에 몰래 들어와서 노래를 불러 주기 시작했는지에 대해 말해 주었다. 그리고 "나는 우리 각자가 인생 전체를 통해 천사가 되도록 축복받고 부름 받았음을 믿습니다. 이것이 우리가 다른 사람들 삶에 영향을 끼칠 수 있는 방법입니다. … 천사들의 합창단 전체가 내가 있는 병원으로 들어왔습니다. … 그들은 침대 옆에서 노래를 부르면서 그들의 사랑의 날개로 나의 기운을 북돋워 주었습니다."라고 썼다.

나는 천상의 다양한 천사들을 믿지만, 그들은 이 땅에서 우리가 어떤 사람이 되고 무슨 일을 해야 할지를 보여 주는 예라고 믿는다. 우리 역시도 하나님을 섬기는 일꾼들, 곧 하나님의 종들이다. 우리는 예수 그리스도의 복음을 알리도록 부름 받았다. 우리는 하나님의 평안을 베풀기 위해 부름 받았다. 우리는 하나님께 영광을 돌리기 위해 부름 받았다. 또한 우리는 하나님의 이름으로 다른 사람들을 돌보면서 희망과 도움을 주기 위해 부름 받았다. 우리는 천사들의 발자취를 따라 가기 위해 부름 받았다.

목자들에 대한 마지막 말, 곧 그들이 구유에 있는 예수님을 본 후 예수께서 이들 목자들에게 끼친 영향에 주목하라. "목자들은 … 듣고 본 그 모든 것으로 인하여 하나님께 영광을 돌리고 찬송하며 돌아가니라"(눅 2:20). 그리고 예수님을 만난 우리가 우리 자신에게 오늘 어떤 영향을 미칠지 생각해 보라.

동방박사들

우리는 지금까지 가난하고 미천한 사람들에게 관심이 있는 누가의 예수님 탄생 이야기에 집중해 왔다. 이제 마태의 설명으로 돌아가자.

> "헤롯 왕 때에 예수께서 유대 베들레헴에서 나시매 동방으로부터 박사들이 예루살렘에 이르러 말하되 유대인의 왕으로 나신 이가 어디 계시냐 우리가 동방에서 그의 별을 보고 그에게 경배하러 왔노라 하니 헤롯 왕과 온 예루살렘이 듣고 소동한지라."(마 2:1~3)

우리가 위 말씀에서 배우는 한 가지는 예수께서 태어나셨을 때 헤롯왕이 살아 있었다는 사실이다. (최근 어떤 사람들은 헤롯이 기원전 1년에 죽었다고 주장하지만) 대부분 학자들은 헤롯의 죽음을 기원전 4세기로 추정한다. 이 말은 예수께서 그때보다 늦지 않게 태어나셨다는 것을 의미한다. 이러한 이유들 때문에 우리는 잠시 예수께서 이보다 2년 앞인 기원전 6년에 태어났을 가능성에 주목해 보려고 한다.

아마도 당신은 '예수께서 어떻게 기원전 4년 혹은 기원전 6년 사이에 태어나는 것이 가능한가?' 라면서 의아해할 것이다. 그래서 기원전은 " '예수님 이전' (Before Christ)을 의미하지 않나요?' 라고 물을 것이다. 디오니시우스 엑시구스(Dionysius Exiguus)라고 하는 수도사가 예수께서 태어나신 해 곧 '우리 주님의 해' (anno domini, 기원후)를 계산한 것은 6세기 초였다. 일반적으로 엑시구스가 4년 정도 계산 착오를 일으켰다고 학자들은 인정한다.

엑시구스의 착오로, 예수께서는 실제로 기원전 4년에서 기원전 6년 사이에 태어나셨다고 사람들은 믿게 되었다. 착오가 있었던 것은 연대 결정에서 뿐만이 아니다. 예수님 탄생 후 무슨 일이 일어났는지를 생각하는 방식에도 일반적으로 약간 잘못이 있는데, 특히 동방박사와 관련된 부분에서 그렇다. 마태복음서의 동방박사 이야기에서 우리가 배운 것들을 생각해 보자.

첫 번째로, 우리는 종종 이 동방박사들을 왕들이라고 말한다. 우리는 성탄절이나 주현절에 '동방에서 박사들' (We Three Kings)이라는 캐럴을 부른다. 얼마나 멋진 캐럴인가! 그러나 마태는 그들을 왕들이라고 하지 않고 마고이(magoi, 이 희랍어 단어에서 영어의 마술사

magician이 유래되었다)라고 한다. 그들은 아마 마술사가 아니라 별을 연구하고 별의 위치 배열이 미래에 일어날 일의 표시라고 믿었던 제사장들이었을 것이다. 점성술사나 천문학자와 비슷한 일을 하는 사람들이었을 것이다. 이 사제들은 페르시아(오늘날의 이란)에서 왔고 조로아스터교의 가르침을 따랐던 것 같다. 그들은 갓 태어난 왕께 경의를 표하기 위해 예루살렘까지 약 1609.3킬로미터를 달려왔고 세 달에서 여섯 달 정도 시간이 걸렸을 것이다.

그 사제들은 새로운 위대한 왕이 유대에서 태어났다는 결론을 내리게 한 무엇을 하늘에서 보았다. 그들이 실제로 무엇을 보았는지에 관해 여러 가지 이론들이 제시되었다. 어떤 사람들은 혜성이었다고 주장한다. 또 다른 사람들은 목성이 레굴루스(Regulus) 별과 일치하는 것처럼 보이다가 후에 금성과 일치하는 것처럼 보일 때의 목성의 움직임이었다고 하면서, 이렇게 후퇴하는 움직임(목성이 하늘의 서쪽에서 동쪽으로 분명하게 뒤로 가는 움직임)이 저들의 관심을 더욱 증폭시켰을 것이라고 주장한다. 무슨 일이 일어났든지 간에 이 일은 그 사제들로 하여금 한 위대한 왕이 유대에 탄생하고 있다고 믿게 만들었다.

내가 마태복음서 이 본문에서 발견하는 흥미 있는 사실은 하나님이 유대인이 아닌 사람 가운데 진리를 찾으려고 노력하는 이들에게 표징을 보여 주셨다는 점이다. 하나님은 조로아스터교 사제들에게 그들이 추구해 온 바로 그 방법으로 예루살렘으로 오라고 손짓하셨다! 누가복음서의 목자들 이야기는 겸손하고 미천한 사람들을 향한 하나님의 관심을 가리킨다. 그러나 마태가 말하는 사제들의 이야기는 모든 사람들을 향한 하나님의 관심을 가리킨다. 예수님은 유대인들만이 아니라 모든 사람들의 왕과 구세주였다. 어떤 의미에서 사제들의 이야기는 구약의 요나 이야기와 일맥상통한다. 요나는 고대 니느웨 도시 사람들을 악한 사람들로 보았지만 하나님은 비록 그들이 유대인들이 아니고 하나님을 경배하지도 않았지만 구원할 가치가 있는 사람들로 보았다.

다른 신앙을 가진 사람들을 하나님이 어떻게 보시는지에 관해 이 동방박사 이야기가 우리에게 주는 교훈은 무엇인가? 그리스도인들은 자주 다른 믿음을 가진 사람들에 대해 하나님의 심판을 선고하려고 하나, 이 본문은 다른 믿음을 가진 사람들을 향한 하나님의 깊은 관심을 말해 주는 것 같다. 그리고 보면 동방박사들은 궁극적으로 복음이 전 세계로 전해질 것에 대한 암시라고 할 수 있다. 오늘날 우리에게 우리의 삶, 즉 우리의 말과 행동으로 다른 사람들에게 큰 기쁨의 좋은 소식을 보여 주고 말하며 안내하는 삶을 통해 하나님의 사자로 부르시는 하나님의 뜻을 천사들이 가리켜 주듯이, 동방박사들이 따라온 그 별은 다른 믿음을 가진 사람들을 예수께로 인도해야 하는 우리의 역할을 가리켜 준다. 우리에게는 다른 이들을 그리스도께로 이끄는 강력한 증표가 되어야 하는 책임이 주어져 있다.

다시 동방박사들에게로 돌아가자. 네 달간의 여행 끝에 예루살렘에 도착했을 때 그들이 찾아간 곳은 헤롯 궁전이었다. 왜냐하면 그 아이가 틀림없이 헤롯의 아이일 것이라고 생각했기 때문이다. 그들은 헤롯에게 유대인의 왕으로 태어난 아기에 관하여 물었다. 그러나 헤롯은 유대인이 아니라 로마정부가 유대인의 왕으로 임명한 이두매인이었고, 그 사제들은 유대인의 왕으로 태어난 아기를 찾고 있었다.

헤롯의 반응은 두려움뿐이었다. 하늘이 장차 왕이 되리라 선포한 이 아이는 도대체 누구인가? 헤롯의 권좌에 대한 심한 불안감과 그를 끌어내리기 위해 다른 이들이 음모를 꾸밀지도 모른다는 계속된 공포는 문서로 잘 입증된다. 그는 그가 가장 총애하는 아내와 그녀의 어머니, 처남까지 죽였다. 뿐만 아니라 예수께서 태어나실 즈음에는 세 아들까지 처형시켰다. 마태복음서가 보여 주는, 동방박사들을 심문한 후에 나타난 헤롯의 반응은 우리가 그 기간 동안의 헤롯에 대해 갖고 있는 정보와 완전히 일치한다. 분명 헤롯은 심한 의심병에 갇혀 있었고 그로 인해 고통과 혼란에 시달리고 있었다.

그러므로 동방박사들이 아기 탄생 소식을 가지고 도착했을 때 그가 두려움으로 반응했다는 것은 놀라운 일이 아니다. 헤롯은 겉치레만으로 아기에게 경의를 표하기 위해 태어난 장소를 찾았다. 그의 모사들은 미가서 5장 2절에 근거하여 아기가 베들레헴에서 태어났을 것이라고 그에게 말했다. 이 말을 듣고 헤롯은 동방박사들에게 다시 돌아와 보고하라고 명령하며 베들레헴으로 보냈다. 이때 동방박사들이 몰랐던 사실은 헤롯이 그 아기를 죽이려 했다는 것이다.

몇 달 간의 여행 후 드디어 베들레헴에 도착한 동방박사들은 '아기 있는 곳'을 발견하고 "매우 크게 기뻐하고 기뻐하였다"(마 2:10 하). 그들의 반응은 성탄절에 합당한 반응이며 이는 또 우리가 누가복음서의 예수님 탄생 이야기에서 본 것이다. 넘치는 기쁨이여, 우리가 성탄절에 일어나고 있는 일을 충분히 이해할 때에 가장 적절하고 합당한 반응이 아니겠는가.

성탄절 이브는 내가 교회에서 맞는 여러 절기 중 가장 좋아하는 때이다. 우리는 성전에서 '고요한 밤'을 부르며 모든 예배자들 손에 들린 촛불에 점화한다. 실내가 촛불로 가득할 때 우리는 예수님 탄생이 우리에게 가져다준 것에 대해 말하기 위해 잠시 침묵한다. 우리는 예수님이 어둠에 빛을, 절망의 순간에 희망을, 무거운 짐을 지고 얽매이고 억압된 모든 사람들에게 구원과 해방을 안겨 주기 위해 이 땅에 오셨다는 사실에 주목한다. 그런 다음 내가, "우리가 이 세상에 있는 죄의 어둠과 예수께서 주시는 빛을 이해하게 된다면, 우리는 동방박사들처럼 매우 기뻐하고 기뻐하게 될 것입니다!"라고 말한다. '기쁨'이라는 말이 내 입에서 떠나는 순간, 크리스마스트리가 점등이 되고 오르간은 "기쁘다 구주 오셨네."의 첫 음을 연주하고 회중은 "기쁘다 구주 오셨네. 만백성 맞아라. 온 교회여 다 일어나 다 찬양하여라. 다 찬양하여라. 다 찬양, 찬양하여라."하면서 노래하기 시작한다. 성탄절의 우리처럼 사제들은 기쁨에 압도되었던 것이다.

이제 동방박사 이야기에서 다음에 무슨 일이 일어나는지 주목하라. "그들이 그 집에 들어갔을 때에 그들은 어머니 마리아와 함께 있는 아기를 보았다. … 그리고 그들은 무릎을 꿇고 아기께 경배하고 보물 상자를 열어 황금과 유향과 몰약의 선물을 드렸다"(마 2:11). 그들은 외양간에 들어가지 않았다. 그들은 집에 들어갔다. 그 집은 이제 요셉과 마리아의 집이기도 한 요셉 부모님의 집이었던 것 같다. 만약에 동방박사들이 예수님 탄생 직후에 도착했다면, 이 사실은 예수님은 요셉 부모님의 집에 붙어 있거나 아래에 있거나 뒤에 있던 헛간에서 태어나셨다는 주장에 신빙성을 부여한다. 그러나 동방박사들은 예수님 탄생하신 바로 그날 밤이나 며칠이 지난 때가 아닌 몇 달이 지난 후에 거기에 도착한 것 같다. 그렇다면 여기서 왜 우리가 이러한 제안을 하겠는가? 왜냐하면 박사들이 유대인의 왕이 태어났다고 선포한 그 때를 기준하여 헤롯은 두 살부터 그 아래 남자아이들을 모두 죽이라고 명령했기 때문이다(마 2:16 하) 이 구절은 동방박사들이 그 별을 처음으로 본 때로부터 2년이 지났음을 말하는 것 같다. 그 별이 예수님이 탄생하시기 훨씬 이전에 나타나기 시작했을 수 있다. 그러나 만약 그 별이 예수님 탄생과 함께 나타났다면 예수님은 박사들이 방문했을 때 거의 두 살이었을 테고 그렇게 되면 예수님은 일찍이 기원전 6년쯤에 태어나셨을 가능성이 있다.

마태는 2장 16, 17절에서 무고한 자들에 대한 살해 이야기를 수록했다. 우리는 흔히 수백 명의 아이들이 죽임당하는 것을 상상한다. 그러나 베들레헴과 같은 크기의 도시에서는 단지 십여 명의 아이들이 헤롯이 보낸 사람들에게 죽임을 당했을 것이다. 이때쯤이면 요셉은 꿈에서 헤롯의 분노를 피하기 위해 마리아와 아기 예수를 애굽으로 데리고 가라는 하나님의 경고를 이미 받은 상태다. 이 기간 동안 요셉과 마리아, 예수는 애굽에서 난민 곧 이방인이었다. 이야기의 이 부분에서 나는 고국에서의 삶에 대한 두려움 때문이든지 아니면 더 나은 미래를 위한 희망 때문이든지 미국으로 피난해 오는 수많은 합법적·불법적 이민자들을 생각하지 아니할 수가 없다. 예수님은 이방인 곧 난민으로서 애굽에 보내졌던 아기였다.

동방박사에 관한 마지막 한 마디를 하자면, 누가는 우리가 예수님 탄생의 비천함을 보도록 해 주고 겸손한 목자들에 대한 하나님의 관심을 강조하는 반면, 마태는 부자들 역시 예수님을 경배하도록 하나님께 초대받았다는 것을 보게 해 준다. 부유한 동방박사들은 예수님을 경배하기 위해 선물을 가져왔다. 황금과 유향, 몰약과 같은 이 선물들은 예수께서 수행하시기 위해 태어나신 세 가지 역할을 상징하는 것으로 보인다. 금은 왕들의 선물이었고, 유향은 어떤 희생제물과 함께 제사장들이 드렸으며, 몰약은 죽은 자들의 장사를 준비하는 데 사용되었다. 예수님은 왕과 제사장 둘 다 되시기 위해 태어나셨고, 어느 날 이 세상 죄를 대신해 자신의 목숨을 주실 것이었다. (그리고 그 후 그의 몸은 장사되기 전에 몰약을 바를 것이었다.)

앞서 언급한 대로, 내가 섬기는 교회는 성탄절이브에 예수님의 탄생과 성도들의 삶 속에서 예수님의 역할에 대한 기쁨과 감사의 표시로 자신들에게 귀한 것을 드림으로써 동방박사들의 모범을 따르도록 초청한다. 재정적으로 어려운 사람들은 어떤 작은 선물을 해도 좋고 할 수 있는 형편에 따라서 모두가 드리도록 초청받는다. 그런 다음 이러한 선물들은 가난한 어린이들을 돕는 프로젝트를 위해 사용되는데, 개발도상국(현재는 아프리카)에서 하는 프로젝트와 우리가 사는 도시 안에서 하는 프로젝트 사이에 똑같이 나눈다. 이 같은 성탄절이브 헌금은 우리의 가장 의미 있는 전통들 중 하나가 되었다. 심지어 종교적이지 않은 사람들까지도 이 시간이 예배의 감동적인 한 부분이 된다는 것을 발견한다.

킹햄스버그 연합감리교회 목사 마이크 슬로터는 매년 성도들에게 "성탄절은 여러분의 생일이 아닙니다!"라고 상기시킨다. 이번 성탄절에 도움이 필요한 사람들을 위한 특별헌금을 생각해 보는 것은 어떻겠는가? 만약 여러분들에게 어린이들이 있다면, 그들에게 이러한 전통을 가르치고, 성탄절은 주로 트리 밑에 있는 것에 관한 날이 아니고 하나님의 선물인 그리스도에 관한 날이며, 결과적으로 다른 사람들을 위해 우리 자신을 내어 주도록 우리 삶을 부르시는, 그리스도의 부르심에 관한 날임을 그들이 배우도록 하는 것은 중요하다.

예수께서는
12월 25일에
태어나셨는가?

성탄절에 관한 연구를 마치기 전에, 나는 한 질문에 답하고 요한복음서에서 얘기되고 있는 성탄절 이야기를 생각하고 싶다. 질문은 이것이다. "예수께서 12월 25일에 태어나셨는가?" 답은 예수께서 언제 태어나셨는지는 아무도 모른다는 것이다. 유대민족은 오늘날 우리가 하는 식으로 생일을 표시하지 않았다. 어떤 사람들은 그렇게 하는 것이 심지어 신성모독이라 생각했다. 예수께서 태어나신 정확한 날짜를 기억해 내는 것은 예수께서 돌아가신 날짜를 기억해 내는 것만큼 중요한 문제가 아니다. (마태와 마가, 누가는 예수께서 유월절에 십자가 처형을 당하셨다고 한다. 그리고 요한은 유월절 양이 희생제물이 되었던 유월절을 준비하는 날에 예수께서 처형 당하셨다고 말한다.) 우리가 예수께서 언제 태어나셨는지를 모른다면, 왜 우리는 12월 25일에 예수 탄생을 축하하는가?

우리는 가끔 성탄절은 원래 이교도의 공휴일이었다고 말하며 성탄절 축하를 거절하는 그리스도인들을 만난다. 어떤 의미에서 그들의 말은 맞다. 오래된 율리우스력(태양력-역자 주)에서 12월 24, 25일은 일 년 중 밤이 가장 긴 동짓(冬至)날이었다. 이 밤이 지나면 낮은 점점 더 길어지고 밤은 점점 더 짧아지기 시작한다. 고대 사람들은 이날을 축하했는데, 이는 우울과 어둠의 끝, 어둠 위에 빛나는 태양과 빛의 승리를 의미했기 때문이다. 그러나 많은 사람들은 4세기의 그리스도인들이 예수님 탄생을 축하하는 날을 정할 때, 그 날이 이교도들의 공휴일이었기 때문이 아니라 하늘 스스로가 그때에 복음의 진리를 선포했기 때문이었다고 믿는다. 동지는 요한복음서가 선포한 내용이 예수님의 탄생에서 영적으로 일어나고 있었음을 천문학적으로 나타낸 것이다. 어둠이 빛에게 패배를 당하는 것과 같이, 하나님의 빛은 예수 안에서 죄와 죽음의 어둠을 패배시킬 것이다.

　　이 같은 의미는 요한이 하는 이야기에 담겨 있다. 요한은 천사들과 목자들, 동방박사들을 말하지 아니한다. 오로지 빛과 생명과 어둠의 패배에 대해서만 말한다. 요한은 "태초에 말씀이 계시니라. 이 말씀이 하나님과 함께 계셨으니 이 말씀은 곧 하나님이시니라. 그가 태초에 하나님과 함께 계셨고 만물이 그로 말미암아 지은 바 되었으니 지은 것이 하나도 그가 없이는 된 것이 없느니라. 그 안에 생명이 있었으니 이 생명은 사람들의 빛이라. 빛이 어둠에 비치되 어둠이 깨닫지 못하더라."(요 1:1~5)라고 기록한다.

　　매년 성탄절이브 예배 때마다 우리 교회는 성전의 불을 *끄고* 그리스도의 빛(큰 촛불: 예배가 시작되면 이 촛불을 제단 위에 올린다. – 역자 주)이 들어오는 모습을 보면서 요한복음서 1장 1절에서 18절을 읽는다. 그 다음 우리는 제단 위 큰 촛불에서 불꽃을 받아 성도들 손에 들린 작은 촛불 하나하나에 차례로 점화한다. 그러고는 다음 사람에게 불꽃을 전달할 때 "그리스도의 빛입니다."라고 말한다. 하늘 스스로가 빛으로 어둠의 패배를 극적으로 표현한 그 밤보다 예수님의 탄생과 세상의 빛을 축하할 더 좋은 날이 어디에 있단 말인가? (만약 여러분 교회에서 성탄절이브 촛불예배를 드리지 않는다면, 그 밤에 우리 교회 웹사이트 www.cor.org를 방문하기를 권한다. 우리와 함께 촛불점화의식을 할 수 있도록 양초와 성냥을 준비하기를!)

구유,
하나님의 피조물들이
양식을 찾으러 오는 곳

누가의 성탄절 이야기 설명과 구유에 대한 언급으로 돌아가 보자. 성지 베들레헴 시내에 머물면서 첫 성탄절에 대한 누가의 글을 읽으며 나는 지난 30년 동안 읽으면서도 알지 못하던 새로운 것을 보게 되었다. 어떻게 해서 전에는 그것을 발견하지 못했는지 모르겠다. 이는 예수님이 그 첫 성탄절 밤에 여물통에서 주무셨다는 사실이다. 나는 이 이야기의 상세한 내용을 알았지만 그 이야기 안에서 단지 여물통이 나타내는 겸손만을 봐 왔었다. 그러나 올해 나는 누가가 구유를 세 번이나 언급한다는 점을 발견했다. 누가복음서 2장 7절에서 우리는 그 아기가 구유에 뉘어 있었다는 말을 듣는다. 그 다음에 2장 12절에서 천사는 목자들에게 그리스도가 태어나셨으며 "너희가 가서 강보에 싸여 구유에 뉘어 있는 아기를 보리니 이것이 너희에게 표적이 될 것이다."라고 알린다. 그리고 2장 16절에서 목자들은 구유에 누워 있는 아기를 발견한다. 나는 구유가 단지 이야기에 등장하는 목자들만이 아닌 우리에게도 하나의 사인이 된다는 것을 보게 된 셈이다.

구유나 여물통은 단지 예수님의 겸손함에 대한 표시가 아니다. 여물통은 하나님의 피조물들이 양식을 먹기 위해 찾아가는 장소이다. 여물통은 우리에게 하나의 사인이며, 누가는 더 큰 무엇을 우리에게 가리키기 위해 이를 포함시킨 것이다. 모세는 "사람이 떡으로만 사는 것이 아니요"(신 8:3)라고 말했다. 모세는 이 말로 우리가 갈급해하는 더 깊은 어떤 것이 있다고 말한 셈이다. 언젠가 이사야 선지자는 "너희가 어찌하여 양식이 아닌 것을 위하여 은을 달아 주며 배부르게 하지 못할 것을 위하여 수고하느냐?"(사 55:2)라고 물었다. 이사야는 모세와 함께, 우리가 궁극적으로 우리의 갈급함을 만족시켜 줄 수 없는 것을 위하여 돈을 쓰고 수고하는 경향이 있지만, 우리는 인간으로서 더 깊은 갈급함을 가지고 있다는 것을 가리키고 있었다. 또한 예수께서 "나는 생명의 떡이니 내게 오는 자는 결코 주리지 아니할 터이요 나를 믿는 자는 영원히 목마르지 아니하리라"(요 6:35)라고 말씀하셨을 때, 예수님이 앞의 모세와 이사야 두 구절을 암시한 것이라고 믿는다. 최후의 만찬에서도 예수께서는 떡을 가지시고, "이것은 너희를 위하여 주는 내 몸이라."(눅 22:19 하)라고 말씀하셨다.

그 자신을 생명의 떡이라고 하시는 이가, 우리 영혼의 가장 깊은 갈망을 만족시켜 줄 수 있는 유일하신 분이 '떡집'을 뜻하는 베들레헴 시내에서 태어나셨고, 세상에서의 그 첫 번째 밤에 잠자리를 위해 하나님의 피조물들이 음식을 먹는 장소인 여물통에 뉘이게 된 것이다.

성탄절 날 아침에 우리가 진정으로 갈급해하는 것은 크리스마스트리 밑에서는 발견되지 않을 것이다. 우리는 절망에 직면하여 의미와 기쁨과 희망을 갈급해한다. 우리는 부끄러운 일을 저지른 후 용서받고 새롭게 시작할 수 있는지 간절히 알고 싶어 한다. 우리는 우리를 떠나보내지 않는 사랑에 목말라 하고 죽음에 직면하여서는 생명과 승리를 갈급해한다. 그리고 이러한 것들은 마구간에서 태어나시고, 잠자리를 위해 여물통에 뉘이시며, 밤 근무하는 목자들의 방문을 받으신 한 아기를 통하여 오는 것이다. 그는 우리에게 생명의 떡이다. 그러므로 우리는 우리 마음의 가장 깊은 욕망을 만족시키기 위해 그 마구간으로 가야 한다.

나는 이번 성탄절에 구유에 가서 이 떡을 먹으라고 여러분을 초대하고 싶다. 그리스도를 따르는 자가 되고 그분을 신뢰하는 선택을 하는 자리에 여러분을 초대하고 싶다. 요한은 우리에게, "영접하는 자 곧 그 이름을 믿는 자들에게는 하나님의 자녀가 되는 권세를 주셨으니"(1:12)라고 말한다. 성탄절은 하나님과 그의 아들 예수 그리스도의 이름을 큰 소리로 부르고 다음과 같이 기도할 절호의 때이다. "예수님, 목자들과 동방박사들이 오래 전에 했듯이 저도 예수님에게 나아갑니다. 예수님을 나의 왕이요 나의 구원자, 나의 주님으로 영접합니다. 내가 하나님이 원하시는 길에서 떠나 있었던 것을 용서하여 주시고 예수님을 따르게 도와주옵소서. 나 자신에게서 나를 구원하여 주시고 예수님을 위하여 살게 도와주옵소서. 예수님을 구세주로 받아들이고 예수님의 이름을 믿습니다. 나를 예수님의 자녀로 삼아 주시고 예수님의 기쁨으로 채워 주옵소서. 다른 사람에게 옳은 일을 행하게 하시고, 항상 친절히 대하고 겸손히 예수님과 동행하게 하옵소서. 사랑하는 예수 그리스도의 이름으로 기도드립니다. 아멘."

목자들의 반응

목자들은 천상의 사자들로부터 새 왕이 베들레헴에 태어나셨다는 소식을 들었다. 그들은 자동차 차고(이것이 당시 마구간이 무엇이었는지 말해 준다) 안에서 동물들이 먹는 지푸라기 침대에 누워 있는 그를 발견할 것이다. 목자들은 어떻게 반응할 것인가? 그들은 자신들이 일하던 들판에 그대로 머무를 것인가? 아니면 직장을 잃을 각오로 양들을 떠나 갓 태어난 왕을 찾아서 베들레헴까지 산비탈을 오를 것인가? 성경은 우리에게 그들이 했던 일을 말해 준다. 목자들은 '온 백성에게 미칠 큰 기쁨의 좋은 소식'의 원천이 될 그분의 탄생을 보기 위해 '급하게' 달려갔다.

도착했을 때, 목자들은 자신들의 눈으로 마리아와 요셉, 구유에 누워 있는 아기를 보았고, 다른 사람들에게 그 아기에 관해 말하는 하나님의 사자들, 곧 하나님의 천사들이 되었다. 이 사실은 중요하다. 이것은 그리스도인의 삶의 한 리듬을 보여 준다. 다른 사람들은 우리에게 예수에 관해 말해 주고 우리는 우리 자신의 눈으로 보고 믿는다. 그리고 우리는 다른 사람들에게 우리가 본 것을 말한다. 그런 다음 기쁨을 가지고 우리의 일상생활로 돌아가는데, 이때 우리의 삶은 영원히 달라진다.

성탄절 시즌이다. 교회에 보통 가지 않지만 그럼에도 불구하고 '온 백성에게 미칠 큰 기쁨의 좋은 소식'을 찾는 수많은 사람들이 있다. 그들은 쇼핑센터에서, 심지어 장식된 성탄절트리 앞에 앉아, 성탄절 파티에서, 여전히 성탄절을 발견하지 못했다. 그들은 누군가가 천사의 역할을 하여 그들에게 와서 강보에 싸여 구유에 누워 있는 아기를 보라고 초청하지 않는다면, 이를 발견하지 못할 것이다.

어느 해인가 앤의 남편은 아내를 우리 성탄절이브 촛불예배에 참석하도록 초대했다. 앤은 "만약 내 남편이 나를 이 교회에 초대하지 않았다면, 나는 지금은 하나님이 채워주시는 내 마음의 빈 공간을 채울 방법을 여전히 찾고 있을 것입니다."라고 썼다. 그것은 여러 해 전 일이다. 지금 앤은 성도들 가운데서 리더로 활동하기 시작했다. 매년 우리는 성탄절이브 전체 헌금을 가난한 어린이들을 돕는 두 가지 프로젝트에 기부한다. 작년에 그 기금의 반은 아프리카 말라위에 있는 프로젝트들을 위해 썼고, 나머지 반은 도심지 학교들을 보수하고 지원하는 데 썼다. 앤은 개인 교사를 하고 놀이터를 설치하고 건물에 페인트를 다시 칠하고 교사들을 돕는 일 등을 하는 도

심지 학교 사역의 리더들 중 한 명이 되었다. 하루는 우리가 도심지 학교 한 곳에서 놀이터 설치하는 일을 마친 후 학교 관계자 한 명이 앤에게 "우리를 위해 왜 이런 일을 하죠?" 라고 물었다. 앤은 "이것은 여러분을 향한 하나님의 사랑을 보여 주는 우리의 방법입니다." 라고 대답했다. 그날 두 사람은 놀이터에 서서 함께 울음을 터뜨렸다.

앤의 천사는 "와서 보라." 고 자신을 초대했던 남편이었다. 앤은 성탄절이브에 교회에 와서 헛간에 태어나서 여물통에서 잠을 잤던 아기에 대한 이야기를 들었다. 그리고 온 백성에게 미칠 큰 기쁨의 좋은 소식을 발견했다. 앤이 하나님을 찬양하며 집으로 돌아왔을 때, 그녀는 계속해서 수백 명의 사람들과 하나님의 사랑을 나누는 사자가 되기 시작했다. 세상은 그 한 번의 초대로 바뀌었다.

성탄절은 우리를 향한 하나님의 선물이다. 빛과 생명, 희망과 은혜의 선물이다. 그 선물은 이 세상을 향한 하나님의 관심과 세상을 치유하고 어둠을 물리치길 원하시는 하나님의 소원의 반영이다. 그러므로 성탄절 선물은 사명과 소명 및 책임감과 함께 온다. 우리는 자비와 정의의 사역을 통하여 표현되는 우리의 사랑으로 그리스도의 빛을 세상에 전해야 한다. 성탄절에 우리는 그리스도의 빛을 받으라고 초대된다. 그러나 그 빛을 받을 뿐만 아니라 우리는 또한 그 빛을 전하고 그 빛 안에서 걸으며 그 빛을 세상 안으로 가지고 들어가라고 초대된다.

주님, 내가 당신의 빛과 사랑, 자비,

그리고 당신의 은혜를 받아들입니다.

당신께서 예수 그리스도 안에서 우리에게 오신

큰 기쁨의 좋은 소식을 듣도록 도와주옵소서.

그리고 당신의 빛을 세상 속으로 가지고 들어가는

당신의 사자들 중 한 명으로 나를 변화시켜 주옵소서. 아멘.

The Journey: A Season of Reflections, Abingdon Press, 2011

kmc 신앙의 책

말씀을 해방시켜라

아담 해밀턴 지음 | 유성준 옮김 | 신국판 224쪽 | 12,000원

미국의 탁월한 설교가 아담 해밀턴 목사가 교회가 성장하고 성
도들의 삶이 변화되는 설교 비결을 전한다. 저자는 자신의 설교
방식을 예로 들어 설교의 전 과정과 영향력 있는 설교를 위한
아이디어, 다양한 목회현장 사례별 대안을 제시한다.

세상을 바꾼 24시간

아담 해밀턴 지음 | 유성준 옮김 | 신국판 변형 200쪽 | 10,000원

아담 해밀턴 목사가 예수 생애의 마지막 시간으로 독자들을 초
대한다. 예수의 생애 마지막을 시간대별로 재구성한 이 책은 저
자의 경험과 쉬운 설명을 곁들여 예수의 고난과 부활에 대하여
생각해 볼 수 있도록 한 묵상집이다.

40일간의 영적 여행

아담 해밀턴 지음 | 유성준 옮김 | 140×180 양장 256쪽 | 12,000원

「세상을 바꾼 24시간」을 바탕으로 한 40일 묵상집. 예수의 수난
을 통해 깊은 성찰과 묵상, 변화의 시간으로 인도한다. 성경본
문, 묵상, 저자의 목회 경험이 담긴 예화, 기도로 구성하였다. 사
순절 기간뿐 아니라 언제든 사용할 수 있다.

장벽을 넘어 인도하라

아담 해밀턴 지음 | 유성준 옮김 | 신국판 288쪽 | 12,000원

1990년 장례식장을 빌려 시작한 미연합감리교회 부활의교회는
18,000명 이상이 출석하는 영성과 사역이 균형을 이루는 역동
적인 교회가 되었다. 이 책은 현대적 의미의 사도행전적 역사를
체험한 그들의 비결, 아이디어와 전략들을 소개한다.

구입문의 ☎ 02)399-2008~9 www.KMCmall.co.kr

* 가까운 기독교서점에서 만날 수 있습니다.